中外文**稀有版本**文献

《论住宅问题》

①

德 文 版

【德】弗里德里希·恩格斯 ◎ 著

图书在版编目(CIP)数据

《论住宅问题》中外文稀有版本文献：汉文、英文、德文/(德)恩格斯著；周建人等译.—北京：中央编译出版社，2023.3

ISBN 978-7-5117-4225-4

Ⅰ.①论… Ⅱ.①恩… ②周… Ⅲ.①恩格斯著作–住宅–问题–汉、英、德 Ⅳ.①A123

中国版本图书馆CIP数据核字(2022)第139999号

《论住宅问题》中外文稀有版本文献

策划统筹	张远航
责任编辑	郑永杰　周雪凝
责任印制	刘　慧
出版发行	中央编译出版社
地　　址	北京市海淀区北四环西路69号(100080)
电　　话	(010)55627391(总编室)　　(010)55627312(编辑室) (010)55627320(发行)　　　(010)55627377(网站)
经　　销	全国新华书店
印　　刷	北京文昌阁彩色印刷有限责任公司
开　　本	710毫米×1000毫米　1/16
字　　数	580千字
印　　张	42
版　　次	2023年3月第1版
印　　次	2023年3月第1次印刷
定　　价	1280.00元(全5册)

新浪微博：@中央编译出版社　　微　信：中央编译出版社(ID：cctphome)
淘宝店铺：中央编译出版社直销店(http://shop108367160.taobao.com)
　　　　　(010)55627331

本社常年法律顾问：北京市吴栾赵阎律师事务所律师　　闫　军　梁　勤
凡有印装质量问题，本社负责调换。电话：(010)55626985

《论住宅问题》的出版与传播

（代序）

作为解析现代化进程中欧洲城市住宅问题产生原因与解决方案的经典文本，恩格斯的《论住宅问题》一直为欧洲左翼哲学家、政治学家、社会学家和政治经济学家津津乐道，这个德文著作被翻译成多种语言的版本并产生持续的影响力。随着《论住宅问题》在中国的出版和传播，马克思主义住宅观念也得到中国学者的深入阐释，并在中国住宅问题呈现的不同时期获得新的时代内容。梳理这些版本的流变，探究各版本编辑和出版的思路，有益于深化我们对该文本历史原貌的理解。

一 《论住宅问题》在欧洲的出版与传播

在欧洲流传的《论住宅问题》主要有四种语言的版本，即德语、俄语、英语和法语。从内容和文章大体的样式看来，这四种语言的版本没有重大改动。德文版源自恩格斯当年修订的版本，同后来俄文版的影响一样大，而英文版和法文版出现得较晚。下面详述之。

1.《论住宅问题》德文版。《论住宅问题》最早是以在德文报纸上发表的形式与读者见面的，它是由恩格斯在1872—1873年为莱比锡《人民国家报》撰写的三篇文章——第一篇写于1872年5月7—22日，第二篇写于当年10月，第三篇写于当年12月——组成的。这三篇文章后来分别由《人民国家报》于1872年12月—1873年3月间在莱比锡出版了单行本。1887年3月，《论住宅问题》在霍廷根—苏黎世出版了第二版，恩格斯对这一版作了一些修改和补充，并写了一篇序言。① 从 1972 年 6 月 26 日的《人民国家报》来看，报纸最上端的正中间用哥特体写着"Der Volkstat"，内容分成三栏。1872 年莱比锡的单行本外皮全黑，里面第一页最上方是标题"Zur Wohnungsfrage"，标题下方是"von Friedrich Engels"，再下一行是"Wie die Bourgeoisie die Wohnungsfrage-löft"，然后是出版信息"Volkstat"和"Leipzig 1872"。这些信息表明："弗里德里希·恩格斯著"的"论住宅问题""由人民国家报出版"，即"莱比锡 1872 年版"。全书共 32 页，分成三部分，每个部分用拉丁文数字Ⅰ、Ⅱ、Ⅲ分开，分别对应这三篇文章，正文采用哥特体印刷。

除了上述莱比锡 1872 年版和霍廷根—苏黎世 1887 年版，还有三种有代表性的德文单行版。按时间顺序来说，第一本是 Contumax Gmbh & Co. Kg 于 2011 年 1 月 11 日出版的，它的封皮是天蓝色的，右下角有一座白色灯塔，封面从上往下依次印刷着白色的字样——"Friedrich Engels"和"Zur Wohnungsfrage"；该版本为平装，共 86 页，尺寸为 0.5×18.6×24.2 厘米，重 168 克。第二本是 Nabu Pres 于 2012 年 4 月 9 日出版的，封皮上面三分之二为一座荒废的建筑的插图，下面是白黑绿三块，分别印有"Zur Wohnungsfrage"和"Friedrich Engels"；该版本为平装，共 76 页，尺寸为 0.4×18.6×24.2 厘米，重 154 克。第三本是 Tradition Clasics 于 2012 年 4 月 20 日出版的，它的封皮是白色的，在右边靠上的部分画有一个工人模样的半身像，紧挨着半身像下印着"PRO-JEKT. GUTENBERG.DE"，封面从上往下依次印刷着黑色的字样——"Friedrich Engels"和"Zur Wohnungsfrage"，该版本为平装，共 108 页，尺寸为 0.6×12.7×19.5 厘米，重 113 克。这三个版本在内容上没有区别，只有细微的排版区别。

除了上述单行本外，还可以在德文版《马克思恩格斯选集》和《马克思恩格斯全集》以及其他相关文本中找到被收录其中的《论住宅

---

① 《马克思恩格斯文集》第 3 卷，北京：人民出版社 2009 年版，第 661—662 页。

问题》。比如，Internationaler Arbeiter-Verlag 在 1930 年出版的 Elementarbücher des Kommunismus 第 17 卷中就收录了《论住宅问题》，内容有 112 页，编者是 Paul Friedländer。还有的书只收录了《论住宅问题》的一部分，比如，由 VS Verlag für Sozialwisenschaften 在 2007 年出版的，名为 Die Stadt in der Sozialen Arbeit 的书第 16—19 页收录了《论住宅问题》1887 年序言，它的编者是 Detlef Baum。

2.《论住宅问题》俄文版。早在十月革命前的 1892—1893 年，莫斯科的马克思主义小组就翻译了《论住宅问题》。苏联的第一本俄文单行本于 1953 年出版，其后有代表性的单行本有：莫斯科 Проярссс Б. г. 出版社 1978 年版，莫斯科进步出版社 1979 年版，政治文献出版社 1983 年版和 1985 年版，莫斯科 Проярссс Б. г. 出版社 1986 年版和 1988 年版，以及 1990 年由乌兹别克斯坦党史研究院编译出版的《论住宅问题》。2012 年，Либроком 出版社出版了该书俄文最新版。

除了上述单行本外，《论住宅问题》的三篇文章及其第二版序言分别被收录于 1928—1941 年苏联马克思恩格斯研究院出版的《马克思恩格斯全集》俄文第一版（共 28 卷）第 15 卷第 1—81 页和第 16 卷（上）第 274—283 页。1955—1966 年，苏共中央马列主义研究院出版了《马克思恩格斯全集》俄文第二版，共 39 卷（42 册）。《论住宅问题》及其第二版序言分别收录在该版全集第 18 卷第 203—284 页和第 21 卷第 334—344 页。

3.《论住宅问题》英文版。《论住宅问题》的英文标题是"The Housing Question"。由 INTERNATIONAL PUBLISHERS 和 SOCIETY OF FOREIGN WORKERS 在纽约联合出版的精装 32 开英文单行本据称是第一个《论住宅问题》英文版。它由 C. P. Dutt 主编，封皮为粉色，由上至下印刷着 "The First Time in English"，"THE HOUSING QUES-TION"，"Bourgeois housing schemes analyzed; a critique of petty-bourgeois socialism and reformism; the revolutionary solution"，"By Frederick Engels"。在封皮的内侧，编者对恩格斯这本书进行了简单的介绍和评

论,认为这本书清晰地阐述了马克思主义对于住宅问题的观点,尤其谈到了国家的本质、工业的增长和资本主义对农村的变革,是一本仍有现时效力的书。该版本共 103 页,第一部分是 1887 年序言,第二部分是正文,分为三部分,每部分用拉丁数字Ⅰ、Ⅱ、Ⅲ标明;第三部分又用拉丁数字Ⅰ、Ⅱ、Ⅲ、Ⅳ分为四小部分。该单行本几乎没有什么注释,更没有人名索引,出版年限也没有标明。另一个英文单行版是由 FOREIGN LANGUAGES PUBLISHING HOUSE 于 1955 年在莫斯科出版的。它的大小几乎只有前者的一半,封皮为浅黄色,从上往下印刷着 "F. ENGELS","THE HOUSING OUESTION" 和 "FOREIGN LANGUAGES PUBLISHING HOUSE",扉页的右上角由后往前印着马恩列斯的头像,下方印着 "LIBRARY OF MARXIST-LENINIST CLASSICS" 的字样。在出版信息中提到该版是从 1887 年第二版德文版直接翻译成英文的。从排版上看,和万国出版社纽约版没有多少区别,但是它多了人名索引,注释也略微多了一些,正文加索引的内容达 168 页。与该版单行本非常类似的还有 PROGRESS PUBLISHERS 于 1954 年在莫斯科出版的《论住宅问题》,后来又分别在 1955 年和 1970 年出版了第二版与第三版。

除了上述单行本外,还可以在英文版《马克思恩格斯选集》和《马克思恩格斯全集》中找到《论住宅问题》。比如,由 FOREIGN LANGUAGES PUBLISHING HOUSE 于 1958 年在莫斯科出版的《马克思恩格斯选集》第 1 卷第 546—636 页就是《论住宅问题》。该选集封皮为白色,印刷字样为深蓝色,为纸皮包裹的精装本。从排版上看,该版本和前面提到的英文单行本没有什么不同,内容也几乎一样,只不过在该书出版信息中提到该卷是从俄文两卷本的《马克思恩格斯选集》翻译成英文的。由于这个选集中收录的《论住宅问题》和该出版社发行的单行本内容一样,英译者应该对照过德文版和俄文版。相比单行本而言,该选集收录的《论住宅问题》的注释就丰富得多了。此外,在 INTERNATIONAL PUBLISHERS 于 1975 年和 Lawrence & Wishart Ltd., London, Progres Publishers 以及 Institute of Marxism-leninism, Moscow

联合出版的《马克思恩格斯全集》第 23 卷第 317—392 页中也收录了《论住宅问题》,不过该文缺少 1887 年序言,其他内容和前者几乎一样。

4. 《论住宅问题》法文版。《论住宅问题》的法文标题是 "La question du logement"。至少有 5 种法文版《论住宅问题》。其一是由 Osez La Republique Sociale 于 2012 年 4 月 1 日发行的平装版,该书的封皮是由斑驳的墙体插图构成的,在封面的上方有一白色的矩形图案,里面用黑色黑体印刷着"La question du",用红色印着"logement"字样,标题下方是"Friedrich Engels"。其二是由 Herne 于 2009 年 10 月 31 日发行的无插图的平装版,它是反资本主义丛书(Carnets Anti-Capitalisme)中的一本。其三是 Éditions Sociales 于 1957 年 1 月 1 日发行的平装本,中型大小,约重 350 克,有 110 页。文章由德国人 Gilberte Lenoir 翻译,前言由 François Biloux 撰写。它的封皮外围是白色边框,中间是咖啡色矩形,在矩形里面印着"La Question Du Logement"。其四也是由 Éditions Sociales 出版的,不过该书晚于前者,是于 1969 年 1 月 1 日出版的,页数增加到 123 页,是马克思主义经典丛书(Clasique Du Marxisme)中的一本,其封面为黄色,中间靠左的地方有一块灰色竖立的长方形,里面依次印着"Friedrich Engels"和"Laouestion Du Logement"。其五是第三个版本在 1976 年 1 月 1 日的重印。这五个版本在内容上没有什么区别,都是分为四部分:序言(Préface);第一部分,蒲鲁东是如何解决住宅问题的(Comment Proudhon résout la question du logement);第二部分,资产阶级是如何解决住宅问题的(Comment la bourgeoisie résout la question du logement);第三部分,再论蒲鲁东和住宅问题(Remarques complémentaires sur Proudhon et la question du logement)。

由是观之,《论住宅问题》有多种欧洲语言版本,其德文版、俄文版、英文版和法文版近年均有再版,仍有各国热衷马克思主义住宅理论的读者阅读,并有持续的社会影响力。

二 《论住宅问题》在中国的出版与传播

较之《共产党宣言》和《资本论》等马克思主义经典著作，《论住宅问题》传入中国的时间较晚，但一经传入中国便屡屡引来研究者的目光。迄今为止，该文本有周建人和周晔译本、曹葆华和关其侗译本、贾植芳译本、莫斯科中文本、中央编译局译本等多个中译本，在《马克思恩格斯全集》《马克思恩格斯选集》《马克思恩格斯文集》中都能看到该文本的全景。下面详细述之。

1. 周建人和周晔译本。从目前掌握的资料来看，《论住宅问题》第一个中译文出现在周建人翻译的《新哲学手册》中。出版于1948年8月的《新哲学手册》是32开的竖排平装本，全书为繁体字，共147页，是周建人根据英国人朋司（E. Burns）选辑的《马克思恩格斯哲学著作集》翻译的。该书封面的正中位置竖写"新哲学手册"五个红字，左右两边分别写有"大用图书公司出版"和"英·E.朋司选辑""周建人译"。出现在《新哲学手册》中的《论住宅问题》书名被译为"居住问题"，它是《新哲学手册》7篇译文中的第6篇，位于该书第117—125页。恩格斯被译作"恩格尔斯"。在该译本的开头，译者简略介绍了《居住问题》的写作背景及主旨。译文分两部分，第一部分题目是"普鲁东如何解决居住问题"，第二部分题目是"资产阶级如何解决居住问题"。这两部分译出的只是《论住宅问题》第一篇和第二篇的部分段落，主要是《马克思恩格斯文集》中文版第3卷第250—254、264、275—276、280—281、299页的内容。

为什么不译全文呢？这可以在附于该书末页的《译者短记》中得到答案：朋司在选辑马克思恩格斯著作时主要把可以直接反映马克思恩格斯思想内涵（即"新哲学的道理"）的文字摘录出来，而把直接反驳对方的话删掉了，因而《居住问题》乃至全书呈现的就是这种样貌。周建人认为，这样可以减轻读者的阅读负担，有利于读者明白书中的道理。此外，周建人还在《译者短记》中说明，自己在抗战时期着手翻译《新哲学手册》，之后因为一些事情耽搁下来。后来是由自己的女儿周晔翻译完成了《新哲学手册》的后两篇文章，《居住问题》便是其中的一篇，周建人对译文进行了校订。① 因而，该文本的第一个中文版的译者是周建人和周晔。

2. 曹葆华和关其侗译本。《论住宅问题》的完整中译本是在20世纪50年代初期出现的，第一个完整的中译本是由曹葆华和关其侗完成的。1951年8月，人民出版社出版了由曹葆华、关其侗翻译的书名为《论住宅问题》单行本，该单行本为32开竖排平装本，全书为繁体字，共157页。包括恩格斯的3篇文章及序言，页底有脚注，书尾有译后记。该书主要是根据《马克思恩格斯文选》（两卷集）俄文本和英文本翻译的，与俄文本与英文本不一致的地方，则参考德文本译出。② 这个版本的《论住宅问题》在20世纪50年代初曾由人民出版社重印多次，1951年初版是白色封皮，四周印有雕刻效果的黄色花纹，中间空白位置处竖写"论住宅问题"，"论住宅问题"左右两边分别是"人民出版社出版"和"恩格斯著"，一下一上错落竖排。之后，1953年5月第2次印刷，1953年10月第3次印刷的《论住宅问题》则改为白色封皮，封皮中央是红色的五角星，封皮正上方是横排的两行字"恩格斯"和"论住宅问题"，分别用红色和金黄色印刷。

3. 贾植芳译本。1951年11月，贾植芳根据日本岩波文库出版的加田哲二的日译文翻译的《住宅问题》由上海泥土社出版，该书为32开竖排平装本，全书为繁体字，共174页。其中前言6页、正文167页、编后1页，白色封皮，封皮的顶部和底部分别是红底白字的德文"FRIEDRICH ENGELS"和"ZUR WOHNUNGSFRAGS"，封皮右上角是

---

① E. 朋司：《新哲学手册》，周建人译，上海：上海大用图书公司1948年版，第148页。
② 恩格斯：《论住宅问题》，曹葆华、关其侗译，北京：人民出版社1951年版，第157页。

恩格斯的头像，封皮中间横写"住宅问题"和"恩格斯著""贾植芳译"。该书包括写于1949年8月1日的《译者前言》、恩格斯的原序、恩格斯的3篇正文以及写于1951年10月30日的《出版者言》。

译者在《译者前言》中简要介绍了该书的内容及翻译的版本，提到加田哲二是根据"1887年刊行的订正版第二版，作为社会民主主义文库（sozial de mokratische Bibliothek）的第十三册而出版的本子"①翻译的。据《出版者言》介绍，该书即将出版时，恰逢曹葆华和关其侗的同书译本刚出版不久，本不打算重复出版，但是经过仔细对比发现，两书"颇有出入之处，故仍印行"②，以供读者参考。此外，该书正文中第三篇的标题与其他版本的标题略有不同，篇名为《关于蒲鲁东及住宅问题的补遗》，其他版本则多为《再论蒲鲁东和住宅问题》。

4. 莫斯科中文本。1954年，莫斯科外国文书籍出版局出版的繁体横排的红布面精装本《马克思恩格斯文选》（两卷集）第1卷第526—610页收录了《论住宅问题》，它包括恩格斯的3篇文章以及序言，页底有脚注。此卷由苏共中央马克思恩格斯列宁斯大林研究院集体编译，由国立政治书籍出版局出版，值得提及的是，谢唯真作了校订工作。1958年1月，人民出版社将莫斯科外国文书籍出版局出版、谢唯真校订的《马克思恩格斯文选》（两卷集）重印出版。

5. 中央编译局译本。1964年10月出版的《马克思恩格斯全集》第18卷第233—321页和1965年9月出版的《马克思恩格斯全集》第21卷第372—382页中分别收录了《论住宅问题》的3篇文章和序言，并且在第一篇文章之前附上了该文本的扉页图片。此外，在第18卷卷末有35条相关注释，在第21卷卷末有12条相关注释。这3篇文章及其序言是以《马克思恩格斯文选》（两卷集）莫斯科中文版为基础校订而成的。后来出现在《马克思恩格斯选集》（1972年5月版）第2卷第459—550页和《马克思恩格斯选集》（1995年6月版）第3卷

---

① 恩格斯：《住宅问题》，贾植芳译，上海：上海泥土社1951年版，第2页。
② 恩格斯：《住宅问题》，贾植芳译，上海：上海泥土社1951年版，第2页。

第131—223页的《论住宅问题》都选自《马克思恩格斯全集》第一版第18卷和第21卷。2009年，《论住宅问题》的3篇文章及序言又载于《马克思恩格斯文集》第3卷第235—334页。而且在第一篇文章之前附加了当时该文本扉页图片，在第二篇文末附加了恩格斯手稿第一页图片，在书后附有22条相关注释。与以前不同的是，这四篇文章译自《马克思恩格斯全集》历史考证版（MEGA²）第一部分第24、31卷，参考了《马克思恩格斯全集》德文版第18、21卷以及我国以前的译本，因而更具完整性和权威性。正因为此，2012年9月出版的《马克思恩格斯选集》第三版第3卷第179—273页中收录的《论住宅问题》根据2009年12月初版的《马克思恩格斯文集》第3卷编译，不过其注释与《马克思恩格斯文集》稍有不同，增加了对文章中出现的某些杂志名称的注释。

可见，《论住宅问题》的上述五种中译本各具特色①，通过翻译自不同语言版本如德文版、俄文版、日文版、英文版等译本之间的对比参照，可以更好地把握恩格斯原著的思想精髓。其中，中央编译局最新版的该文本可谓参照以上诸版本之集大成者，并在译文中体现了现代中文的话语特色，尤其具有学术价值。

（本文来自2014年中央编译出版社的臧峰宇所著《恩格斯〈论住宅问题〉研究读本》有关内容。）

---

① 《马克思恩格斯著作中译文综录》（书目文献出版社1983年版）的编者曾对《论住宅问题》的中文版本做过梳理工作，但不甚详细且有些印刷错误。具体情况，可参看该书第269—270页。

Sozialdemokratische Bibliothek.

XIII.

Zur Wohnungsfrage.

Von

Friedrich Engels.

Separatabdruck aus dem „Volksstaat" von 1872.

Zweite, durchgesehene Auflage.

Hottingen-Zürich.
Verlag der Volksbuchhandlung.
1887.

ZUR WOHNUNGSFRAGE

Vorwort.

Die nachfolgende Schrift ist der Wiederabdruck dreier Artikel, die ich 1872 in den Leipziger „Volksstaat" schrieb. Damals ergoß sich grade der französische Milliardenregen über Deutschland; Staatsschulden wurden abgezahlt, Festungen und Kasernen gebaut, die Bestände von Waffen und Militäreffekten erneuert; das disponible Kapital nicht minder als die zirkulirende Geldmenge wurden plötzlich enorm vermehrt, und das Alles grade zu einer Zeit, wo Deutschland nicht nur als „einiges Reich", sondern auch als großes Industrieland auf der Weltbühne auftrat. Die Milliarden gaben der jungen Großindustrie einen mächtigen Aufschwung; sie vor Allem waren es, die die kurze, illusionsreiche Periode der Prosperität nach dem Krieg, und gleich darauf, 1873/74, den großen Krach zu Wege brachten, durch welchen Deutschland sich als weltmarktsfähiges Industrieland bewährte.

Die Zeit, worin ein altes Kulturland einen solchen, obendrein durch so günstige Umstände beschleunigten Uebergang von der Manufaktur und dem Kleinbetrieb zur großen Industrie macht, ist auch vorwiegend die Zeit der „Wohnungsnoth." Einerseits werden Massen ländlicher Arbeiter plötzlich in die großen Städte gezogen, die sich zu industriellen Mittelpunkten entwickeln; andrerseits entspricht die Bauanlage dieser älteren Städte nicht mehr den Bedingungen der neuen Großindustrie und des ihr entsprechenden Verkehrs; Straßen werden erweitert und neu durchgebrochen, Eisenbahnen mitten durchgeführt. In demselben Augenblick, wo Arbeiter haufenweis zuströmen, werden die Arbeiterwohnungen massenweis eingerissen. Daher die plötzliche Wohnungsnoth der Arbeiter und des auf Arbeiterkundschaft angewiesenen Kleinhandels und Kleingewerbs. In Städten, die von vornherein als Industriecentren entstanden, ist diese Wohnungsnoth so gut wie unbekannt. So in Manchester, Leeds, Bradford, Barmen-Elberfeld. Dagegen in London, Paris, Berlin, Wien hat sie ihrer Zeit akute Form angenommen und besteht meist chronisch fort.

Es war also grade diese akute Wohnungsnoth, dies Symptom der sich in Deutschland vollziehenden industriellen Revolution, die damals die Presse mit Abhandlungen über die „Wohnungsfrage" füllte und den Anlaß bot zu allerhand sozialer Quacksalberei. Eine Reihe solcher Artikel verlief sich auch in den „Volksstaat". Der anonyme Verfasser, der sich später als Herr Dr. med. A. Mülberger aus Württemberg zu erkennen gab, hielt die Gelegenheit für günstig, den deutschen Arbeitern an dieser Frage die Wunderwirkungen der Proudhon'schen sozialen Universalmedizin einleuchtend zu machen. Als ich der Redaktion meine Verwunderung über die Aufnahme dieser sonderbaren Artikel zu erkennen gab, wurde ich aufgefordert, zu antworten, was ich auch that. (S. Erster Abschnitt: Wie Proudhon die Wohnungsfrage löst.) An diese Reihe von Artikeln knüpfte ich bald darauf eine zweite, worin an der Hand einer Schrift von Dr. Emil Sax die philanthropisch bürgerliche Auffassung der Frage untersucht wurde. (Zweiter Abschnitt: Wie die Bourgeoisie die Wohnungsfrage löst.) Nach längerer Pause beehrte mich sodann Herr Dr. Mülberger mit einer Antwort auf meine Artikel, die mich zu einer Erwiderung zwang (Dritter Abschnitt: Nachtrag über Proudhon und die Wohnungsfrage), womit denn sowohl die Polemik wie meine spezielle Beschäftigung mit dieser Frage zum Abschluß kam. Dies die Entstehungsgeschichte dieser drei Reihen von Artikeln, die ebenfalls als Sonderabdruck in Broschürenform erschienen. Wenn jetzt ein neuer Abdruck nöthig wird, so verdanke ich dies zweifellos wiederum der wohlwollenden Fürsorge der deutschen Reichsregierung, die den Absatz durch ein Verbot wie immer mächtig förderte, und der ich hiermit meinen Dank ergebenst ausspreche.

Für den neuen Abdruck habe ich den Text revidirt, einzelne Zusätze und Anmerkungen eingefügt und einen kleinen ökonomischen Irrthum im ersten Abschnitt berichtigt, da mein Gegner Dr. Mülberger ihn leider nicht herausgefunden hat.

Bei dieser Durchsicht kommt mir so recht zum Bewußtsein, welche Riesenfortschritte die internationale Arbeiterbewegung in den letzten vierzehn Jahren gemacht. Damals war es noch eine Thatsache, daß „die romanisch redenden Arbeiter seit zwanzig Jahren keine andre Geistesnahrung hatten als die Werke Proudhon's", und allenfalls die weitere Vereinseitigung des Proudhonismus durch den Vater des „Anarchismus", Bakunin, der in Proudhon „unser Aller Meister", notre maître à nous tous, sah. Waren auch die Proudhonisten in Frankreich nur eine kleine Sekte unter den Arbeitern, so waren sie doch die einzigen, die ein bestimmt formulirtes Programm hatten und die unter der Kommune die Führung auf ökonomischem Gebiet übernehmen konnten. In Belgien herrschte der Proudhonismus unter den wallonischen Arbeitern unbestritten, und in Spanien und Italien war, mit sehr vereinzelten Ausnahmen, in der Arbeiterbewegung Alles, was nicht anarchistisch war, entschieden proudhonistisch. Und heute? In Frankreich ist Proudhon unter den Arbeitern vollständig abgethan und hat nur noch Anhänger unter den radikalen Bourgeois und Kleinbürgern, die sich als Proudhonisten auch „Sozialisten" nennen, aber von den sozialistischen Arbeitern auf's heftigste bekämpft werden. In Belgien haben die Flamländer die Wallonen von der Leitung der Bewegung verdrängt, den Proudhonismus abgesetzt und die Bewegung mächtig gehoben. In Spanien wie in Italien hat sich die anarchistische Hochfluth der siebziger Jahre verlaufen und die Reste des Proudhonismus mitweggeschwemmt; wenn in Italien die neue Partei noch in der Klärung und Bildung begriffen ist, so hat sich in Spanien der kleine Kern, der als Nueva Federacion Madrilena treu zum Generalrath der Internationale hielt, zu einer kräftigen Partei entwickelt, die —

wie aus der republikanischen Presse selbst zu ersehn — den Einfluß der bürgerlichen Republikaner auf die Arbeiter weit wirksamer zerstört, als ihre lärmvollen anarchistischen Vorgänger dies je gekonnt. An die Stelle der vergessenen Werke Proudhon's sind bei den romanischen Arbeitern „Das Kapital", das kommunistische Manifest und eine Reihe anderer Schriften der Marx'schen Schule getreten, und die Hauptforderung von Marx: Besitzergreifung sämmtlicher Produktionsmittel, Namens der Gesellschaft, durch das zur politischen Alleinherrschaft emporgestiegene Proletariat, ist heute die Forderung der gesammten revolutionären Arbeiterklasse auch in den romanischen Ländern.

Wenn hiernach der Proudhonismus bei den Arbeitern auch der romanischen Länder endgültig verdrängt ist, wenn er nur noch — seiner eigentlichen Bestimmung entsprechend — französischen, spanischen, italienischen und belgischen bürgerlichen Radikalen als Ausdruck ihrer bürgerlichen und kleinbürgerlichen Gelüste dient, warum dann heute noch auf ihn zurückkommen? Warum auf's Neue einen verstorbenen Gegner bekämpfen durch Wiederabdruck dieser Artikel?

Erstens weil diese Artikel sich nicht auf bloße Polemik gegen Proudhon und seinen deutschen Vertreter beschränken. In Folge der Theilung der Arbeit, die zwischen Marx und mir bestand, fiel es mir zu, unsere Ansichten in der periodischen Presse, also namentlich im Kampf mit gegnerischen Ansichten, zu vertreten, damit Marx für die Ausarbeitung seines großen Hauptwerks Zeit behielt. Ich kam dadurch in die Lage, unsere Anschauungsweise meist in polemischer Form, im Gegensatz zu anderen Anschauungsweisen, darzustellen. So auch hier. Die Abschnitte I und III enthalten nicht nur eine Kritik der Proudhon'schen Auffassung der Frage, sondern auch die Darstellung unsrer eignen Auffassung.

Zweitens aber hat Proudhon in der Geschichte der europäischen Arbeiterbewegung eine viel zu bedeutende Rolle gespielt, als daß er so ohne Weiteres der Vergessenheit verfallen könnte. Theoretisch abgethan, praktisch bei Seite geschoben, behält er sein historisches Interesse. Wer sich einigermaßen eingehend mit dem modernen Sozialismus beschäftigt, der muß auch die „überwundnen Standpunkte" der Bewegung kennen lernen. Marx' „Elend der Philosophie" erschien mehrere Jahre, ehe Proudhon seine praktischen Vorschläge der Gesellschaftsreform aufstellte; Marx konnte hier nur die Proudhon'sche Tauschbank im Keim entdecken und kritisiren. Seine Schrift wird also nach dieser Seite durch die vorliegende ergänzt, leider unvollkommen genug. Marx würde das Alles viel besser und schlagender abgemacht haben.

Endlich aber ist der Bourgeois- und kleinbürgerliche Sozialismus in Deutschland bis auf diese Stunde stark vertreten. Und zwar einerseits durch Kathedersozialisten und Menschenfreunde aller Art, bei denen der Wunsch, die Arbeiter in Eigenthümer ihrer Wohnung zu verwandeln, noch immer eine große Rolle spielt, denen gegenüber also meine Arbeit noch immer am Platze ist. Andererseits aber in der sozialdemokratischen Partei selbst, bis in die Reichstagsfraktion hinein, findet ein gewisser kleinbürgerlicher Sozialismus seine Vertretung. Und zwar in der Weise, daß man zwar die Grundanschauungen des modernen Sozialismus, und die Forderung der Verwandlung aller Produktionsmittel in gesellschaftliches Eigenthum als berechtigt anerkennt, aber ihre Verwirklichung nur in entfernter, praktisch unabsehbarer Zeit für möglich erklärt. Damit ist man denn für die Gegenwart auf bloßes soziales Flickwerk angewiesen, und kann je nach Umständen selbst mit den reaktionärsten Bestrebungen zur sogenannten „Hebung der arbeitenden Klasse" sympathisiren. Das Bestehen einer solchen Richtung ist ganz unvermeidlich in Deutschland, dem Land des Spießbürgerthums par excellence, und zu einer Zeit, wo die industrielle Entwicklung dies alteingewurzelte Spießbürgerthum gewaltsam und massenweise entwurzelt. Es ist auch für die Bewegung ganz ungefährlich bei dem wunderbar gesunden Sinn unserer Arbeiter, der sich gerade in den letzten acht Jahren des Kampfs gegen Sozialistengesetz, Polizei und Richter so glänzend bewährt hat. Aber es ist nöthig, daß man sich darüber klar werde, daß eine solche Richtung besteht. Und wenn, wie dies nothwendig und sogar wünschenswerth ist, diese Richtung später einmal festere Form und bestimmtere Umrisse annimmt, dann wird sie zur Formulirung ihres Programms auf ihre Vorgänger zurückgehn müssen, und dabei wird auch Proudhon schwerlich übergangen werden.

Der Kern sowohl der großbürgerlichen wie der kleinbürgerlichen Lösung der „Wohnungsfrage" ist das Eigenthum des Arbeiters an seiner Wohnung. Dies ist aber ein Punkt, der durch die industrielle Entwicklung Deutschlands in den letzten zwanzig Jahren eine ganz eigenthümliche Beleuchtung erhalten hat. In keinem andern Land existiren so viel Lohnarbeiter, die Eigenthümer nicht nur ihrer Wohnung, sondern auch noch eines Gartens oder Feldes sind; daneben noch zahlreiche andere, die Haus und Garten oder Feld als Pächter, mit thatsächlich ziemlich gesichertem Besitz inne haben. Die ländliche Hausindustrie, betrieben im Verein mit Gartenbau oder kleiner Ackerwirthschaft, bildet die breite Grundlage der jungen Großindustrie Deutschlands; im Westen sind die Arbeiter vorwiegend Eigenthümer, im Osten vorwiegend Pächter ihrer Heimstätten. Diese Verbindung der Hausindustrie mit Garten- und Feldbau, und daher mit gesicherter Wohnung, finden wir nicht nur überall, wo Handweberei noch ankämpft gegen den mechanischen Webstuhl: am Niederrhein und in Westfalen, im sächsischen Erzgebirge und in Schlesien; wir finden sie überall, wo Hausindustrie irgend einer Art sich als ländliches Gewerbe eingedrängt hat, z. B. im Thüringer Wald und in der Rhön. Bei Gelegenheit der Tabaksmonopol-Verhandlungen stellte sich heraus, wie sehr auch schon die Cigarrenmacherei als ländliche Hausarbeit betrieben wird; und wo irgend ein Nothstand unter den Kleinbauern eintritt, wie vor einigen Jahren in der Eifel, da erhebt die bürgerliche Presse sofort den Ruf nach Einführung einer passenden Hausindustrie als dem einzigen Hülfsmittel. In der That drängt sowohl die wachsende Nothlage der deutschen Parzellenbauern wie die allgemeine Lage der deutschen Industrie zu einer immer weitern Ausdehnung der ländlichen Hausindustrie. Es ist dies eine Erscheinung, die Deutschland eigenthümlich ist. Etwas Aehnliches finden wir in Frankreich nur ganz ausnahmsweise, z. B. in den Gegenden der Seidenzucht; in England, wo es keine Kleinbauern gibt, beruht die ländliche Hausindustrie auf der Arbeit der Frauen und Kinder der Ackerbautaglöhner; nur in Irland sehn wir die Hausindustrie der Kleiderkonfektion, ähnlich wie in Deutschland, von wirklichen Bauernfamilien betrieben. Von Rußland und andern auf dem industriellen Weltmarkt nicht vertretnen Ländern sprechen wir hier natürlich nicht.

Somit besteht auf weiten Gebieten Deutschlands heute ein industrieller Zustand, der auf den ersten B... dem Zustand gleicht, wie er vor Einführung der Maschinerie der allgemein herrschende war. Aber auch nur auf den ersten Blick. Die ländliche, mit Garten- und Feldbau verbundne Hausindustrie der frühern Zeit war, wenigstens in den industriell fortschreitenden Ländern, die Grundlage einer materiell erträglichen und stellenweise behaglichen Lage der arbeitenden Klasse, aber auch ihrer geistigen und politischen Nullität. Das Handprodukt und seine Kosten bestimmten den Marktpreis, und bei der, gegen heute verschwindend geringen Produktivität der Arbeit wuchsen die Absatzmärkte in der Regel rascher als das Angebot. Dies gilt, um die Mitte des vorigen Jahrhunderts, für England und theilweise für Frankreich, und namentlich für die Textilindustrie. In dem, damals erst aus der Verwüstung des dreißigjährigen Kriegs, und unter den ungünstigsten Umständen sich wieder emporarbeitenden Deutschland sah es allerdings ganz anders aus; die einzige Hausindustrie, die hier für den Weltmarkt arbeitete, die Leinenweberei, wurde durch Steuern und Feudallasten so gedrückt, daß sie den webenden Bauer nicht über das sehr niedrige Niveau der übrigen Bauerschaft erhob. Aber immerhin hatte damals der ländliche Industriearbeiter eine gewisse Sicherheit der Existenz.

Mit der Einführung der Maschinerie änderte sich das alles. Der Preis wurde nun bestimmt durch das Maschinenprodukt, und der Lohn des hausindustriellen Arbeiters fiel mit diesem Preise. Aber der Arbeiter mußte ihn nehmen oder andre Arbeit suchen, und das konnte er nicht, ohne Proletarier zu werden, d. h. ohne sein Häuschen, Gärtchen und Feldchen — eigen oder gepachtet — aufzugeben. Und das wollte er nur im seltensten Fall. So wurde der Garten- und Feldbau der alten ländlichen Handweber die Ursache, kraft deren der Kampf des Handwebstuhls gegen den mechanischen Webstuhl sich überall so sehr in die Länge zog und in Deutschland noch nicht ausgefochten ist. In diesem Kampf zeigte es sich zum ersten Mal, namentlich in England, daß derselbe Umstand, der früher einen verhältnißmäßigen Wohlstand der Arbeiter begründet hatte — der Besitz des Arbeiters an seinen Produktionsmitteln — jetzt für sie ein Hinderniß und ein Unglück geworden war. In der Industrie schlug der mechanische Webstuhl seinen Handwebstuhl, im Landbau schlug die große Agrikultur seinen Kleinbetrieb aus dem Felde. Aber während auf beiden Produktionsgebieten die vereinigte Arbeit Vieler und die Anwendung der Maschinerie und der Wissenschaft gesellschaftliche Regel wurden, fesselten ihn sein Häuschen, Gärtchen, Feldchen und sein Webstuhl an die veraltete Methode der Einzelproduktion und der Handarbeit. Der Besitz von Haus und Garten war jetzt weit weniger werth als die vogelfreie Beweglichkeit. Kein Fabrikarbeiter hätte getauscht mit dem langsam aber sicher verhungernden ländlichen Handweber.

Deutschland erschien spät auf dem Weltmarkt; unsre große Industrie datirt von den vierziger Jahren, erhielt ihren ersten Aufschwung durch die Revolution von 1848 und konnte sich erst voll entfalten, als die Revolutionen von 1866 und 1870 ihr wenigstens die schlimmsten politischen Hindernisse aus dem Wege geräumt. Aber sie fand den Weltmarkt großentheils besetzt. Die Massenartikel lieferte England, die geschmackvollen Luxusartikel Frankreich. Die einen konnte Deutschland nicht im Preise, die andern nicht in der Qualität schlagen. So blieb nichts übrig als zunächst, dem Geleise der bisherigen deutschen Produktion entsprechend, sich in den Weltmarkt einzuschieben mit Artikeln, die für die Engländer zu kleinlich, für die Franzosen zu schäbig waren. Die beliebte deutsche Praxis der Prellerei, zuerst gute Muster zu schicken und nachher schlechte Waare, strafte sich allerdings auf dem Weltmarkt bald hart genug und kam in ziemlichen Verfall; andrerseits drängte die Konkurrenz der Ueberproduktion selbst die soliden Engländer allmälig auf die abschüssige Bahn der Qualitätsverschlechterung, und leistete so den Deutschen Vorschub, die auf diesem Feld unerreichbar sind. Und so sind wir denn endlich dahin gekommen, eine große Industrie zu besitzen und eine Rolle auf dem Weltmarkt zu spielen. Aber unsre große Industrie arbeitet fast ausschließlich für den innern Markt (die Eisenindustrie ausgenommen, die weit über den innern Bedarf erzeugt) und unsre massenhafte Ausfuhr setzt sich zusammen aus einer Unsumme kleiner Artikel, zu denen die große Industrie höchstens die nöthigen Halbfabrikate liefert, die aber selbst geliefert werden großentheils durch die ländliche Hausindustrie.

Und hier zeigt sich in vollem Glanz der „Segen" des eignen Haus- und Grundbesitzes für den modernen Arbeiter. Nirgends, selbst die irische Hausindustrie kaum ausgenommen, werden so infam niedrige Löhne gezahlt wie in der deutschen Hausindustrie. Was die Familie auf ihrem eignen Gärtchen und Feldchen erarbeitet, das erlaubt die Konkurrenz dem Kapitalisten vom Preis der Arbeitskraft abzuziehen; die Arbeiter müssen eben jeden Akkordlohn nehmen, weil sie sonst gar nichts erhalten und vom Produkt ihres Landbaus allein nicht leben können; und weil andrerseits eben dieser Landbau und Grundbesitz sie an den Ort fesselt, sie hindert, sich nach andrer Beschäftigung umzusehen. Und hierin liegt der Grund, der Deutschland in einer ganzen Reihe von kleinen Artikeln auf dem Weltmarkt konkurrenzfähig erhält. **Man schlägt den ganzen Kapitalprofit heraus aus einem Abzug vom normalen Arbeitslohn und kann den ganzen Mehrwerth dem Käufer schenken.** Das ist das Geheimniß der erstaunlichen Wohlfeilheit der meisten deutschen Ausfuhrartikel.

Es ist dieser Umstand, der mehr als irgend ein andrer auch auf andern industriellen Gebieten die Arbeitslöhne und die Lebenshaltung der Arbeiter in Deutschland unter dem Stand der westeuropäischen Länder hält. Das Bleigewicht solcher, traditionell tief unter dem Werth der Arbeitskraft gehaltnen Arbeitspreise drückt auch die Löhne der städtischen und selbst der großstädtischen Arbeiter unter den Werth der Arbeitskraft hinab und dies um so mehr, als auch in den Städten die schlechtgelohnte Hausindustrie an die Stelle des alten Handwerks getreten ist, und auch hier das allgemeine Niveau des Lohnes herabdrückt.

Hier sehn wir es deutlich: Was auf einer früheren geschichtlichen Stufe die Grundlage eines relativen Wohlstands der Arbeiter war: die Verbindung von Landbau und Industrie, der Besitz von Haus und Garten und Feld, die Sicherheit der Wohnung, das wird heute, unter der Herrschaft der großen Industrie, nicht nur die ärgste Fessel für den

Arbeiter, sondern das größte Unglück für die ganze Arbeiterklasse, die Grundlage einer beispiellosen Herabdrückung des Arbeitslohns unter seine normale Höhe, und das nicht nur für einzelne Geschäftszweige und Gegenden, sondern für das ganze nationale Gebiet. Kein Wunder, daß die Groß- und Kleinbürgerschaft, die von diesen abnormen Abzügen vom Arbeitslohn lebt und sich bereichert, für ländliche Industrie, für hausbesitzende Arbeiter schwärmt, für alle ländlichen Nothstände das einzige Heilmittel sieht in der Einführung neuer Hausindustrien!

Das ist die eine Seite der Sache; aber sie hat auch eine Kehrseite. Die Hausindustrie ist die breite Grundlage des deutschen Ausfuhrhandels und damit der ganzen Großindustrie geworden. Damit ist sie über weite Striche von Deutschland verbreitet, und dehnt sich täglich mehr aus. Der Ruin des Kleinbauern, unvermeidlich von der Zeit an, wo seine industrielle Hausarbeit für den Selbstgebrauch durch das wohlfeile Konfektions- und Maschinenprodukt, und sein Viehstand, also seine Düngerproduktion durch die Zerstörung der Markverfassung, der gemeinen Mark und des Flurzwangs vernichtet wurden — dieser Ruin treibt die beim Wucherer verfallenen Kleinbauern der modernen Hausindustrie gewaltsam zu. Wie in Irland die Bodenrente des Grundbesitzers, können in Deutschland die Zinsen des Hypothekenwucherers gezahlt werden, nicht aus dem Bodenertrag, sondern nur aus dem Arbeitslohn des industriellen Bauern. Mit der Ausdehnung der Hausindustrie aber wird eine Bauerngegend nach der andern in die industrielle Bewegung der Gegenwart hineingerissen. Es ist diese Revolutionirung der Landdistrikte durch die Hausindustrie, die die industrielle Revolution in Deutschland über ein weit größeres Gebiet ausbreitet als in England und Frankreich der Fall; es ist die verhältnißmäßig niedrige Stufe unsrer Industrie, die ihre Ausdehnung in die Breite um so nöthiger macht. Dies erklärt, warum in Deutschland, im Gegensatz zu England und Frankreich, die revolutionäre Arbeiterbewegung eine so gewaltige Verbreitung über den größten Theil des Landes gefunden hat, statt ausschließlich an städtische Zentren gebunden zu sein. Und dies wiederum erklärt den ruhigen, sichern, unaufhaltsamen Fortschritt der Bewegung. In Deutschland leuchtet es von selbst ein, daß eine siegreiche Erhebung in der Hauptstadt und den andern großen Städten erst dann möglich wird, wenn auch die Mehrzahl der kleinen Städte und ein großer Theil der ländlichen Bezirke für den Umschwung reif geworden sind. Wir können, bei einigermaßen normaler Entwicklung, nie in den Fall kommen, Arbeitersiege zu erfechten wie die Pariser von 1848 und 1871, aber eben deshalb auch nicht Niederlagen der revolutionären Hauptstadt durch die reaktionäre Provinz erleiden, wie Paris sie in beiden Fällen erlitt. In Frankreich ging die Bewegung stets von der Hauptstadt aus, in Deutschland von den Bezirken der großen Industrie, der Manufaktur und der Hausindustrie; die Hauptstadt wurde erst später erobert. Daher wird vielleicht auch in Zukunft die Rolle der Initiative den Franzosen vorbehalten bleiben; aber die Entscheidung kann nur in Deutschland ausgekämpft werden.

Nun ist aber diese ländliche Hausindustrie und Manufaktur, die in ihrer Ausdehnung der entscheidende Produktionszweig Deutschlands geworden, und die damit das deutsche Bauernthum mehr und mehr revolutionirt, selbst nur die Vorstufe einer weiteren Umwälzung. Wie schon

Marx nachgewiesen (Kapital I., 3. Aufl. S. 484—95), schlägt auch für sie, auf einer gewissen Entwicklungsstufe, die Stunde des Untergangs durch die Maschinerie und den Fabrikbetrieb. Und diese Stunde scheint nahe bevorzustehn. Aber Vernichtung der ländlichen Hausindustrie und Manufaktur durch Maschinerie und Fabrikbetrieb, das heißt in Deutschland Vernichtung der Existenz von Millionen ländlicher Produzenten, Expropriation fast der halben deutschen Kleinbauerschaft, Verwandlung nicht nur der Hausindustrie in Fabrikbetrieb, sondern auch der Bauernwirthschaft in große, kapitalistische Agrikultur und des kleinen Grundbesitzes in große Herrengüter — industrielle und landwirthschaftliche Revolution zu Gunsten des Kapitals und Großgrundbesitzes auf Kosten der Bauern. Sollte es Deutschland beschieden sein, auch diese Umwandlung noch unter den alten gesellschaftlichen Bedingungen durchzumachen, so wird sie unbedingt den Wendepunkt bilden. Hat bis dahin die Arbeiterklasse keines anderen Landes die Initiative ergriffen, so schlägt dann unbedingt Deutschland los, und die Bauernsöhne des „herrlichen Kriegsheers" helfen tapfer mit.

Und jetzt nimmt die bürgerliche und kleinbürgerliche Utopie, die jedem Arbeiter ein eigenthümlich besessenes Häuschen geben und ihn damit an seinen Kapitalisten in halbfeudaler Weise fesseln will, eine ganz andre Gestalt an. Als ihre Verwirklichung erscheint die Verwandlung aller kleinen ländlichen Hauseigenthümer in industrielle Hausarbeiter; die Vernichtung der alten Abgeschlossenheit und damit der politischen Nullität der Kleinbauern, die in den „sozialen Wirbel" hineingerissen werden; die Ausbreitung der industriellen Revolution über das platte Land, und damit die Umwandlung der stabilsten, konservativsten Klasse der Bevölkerung in eine revolutionäre Pflanzschule, und als Abschluß des Ganzen die Expropriation der hausindustriellen Bauern durch die Maschinerie, die sie mit Gewalt in den Aufstand treibt.

Wir können den bürgerlich-sozialistischen Philantropen den Privatgenuß ihres Ideals gern gönnen, solange sie in ihrer öffentlichen Funktion als Kapitalisten fortfahren, es in dieser umgekehrten Weise zu verwirklichen, zu Nutz und Frommen der sozialen Revolution.

London, 10. Januar 1887.

Friedrich Engels.

Erster Abschnitt.
Wie Proudhon die Wohnungsfrage löst.

In Nr. 10 und folgenden des „Volksstaat" findet sich eine Reihe von sechs Artikeln über die Wohnungsfrage, die aus dem einen Grunde Beachtung verdienen, weil sie — abgesehn von einigen längst verschollenen Belletristereien der vierziger Jahre — der erste Versuch sind, die Schule Proudhon's nach Deutschland zu verpflanzen. Es liegt hierin ein so ungeheurer Rückschritt gegen den ganzen Entwicklungsgang des deutschen Sozialismus, der grade den Proudhon'schen Vorstellungen schon vor 25 Jahren den entscheidenden Stoß gab,*) daß es der Mühe werth ist, diesem Versuch sofort entgegenzutreten.

Die sogenannte Wohnungsnoth, die heutzutage in der Presse eine so große Rolle spielt, besteht nicht darin, daß die Arbeiterklasse überhaupt in schlechten, überfüllten, ungesunden Wohnungen lebt. Diese Wohnungsnoth ist nicht etwas der Gegenwart Eigenthümliches; sie ist nicht einmal eins der Leiden, die dem modernen Proletariat, gegenüber allen frühern unterdrückten Klassen, eigenthümlich sind; im Gegentheil, sie hat alle unterdrückten Klassen aller Zeiten ziemlich gleichmäßig betroffen. Um dieser Wohnungsnoth ein Ende zu machen, gibt es nur ein Mittel: die Ausbeutung und Unterdrückung der arbeitenden Klasse durch die herrschende Klasse überhaupt zu beseitigen. — Was man heute unter Wohnungsnoth versteht, ist die eigenthümliche Verschärfung, die die schlechten Wohnungsverhältnisse der Arbeiter durch den plötzlichen Andrang der Bevölkerung nach den großen Städten erlitten haben; eine kolossale Steigerung der Miethspreise, eine noch verstärkte Zusammendrängung der Bewohner in den einzelnen Häusern, für Einige die Unmöglichkeit, überhaupt ein Unterkommen zu finden. Und diese Wohnungsnoth macht nur soviel von sich reden, weil sie sich nicht auf die Arbeiterklasse beschränkt, sondern auch das Kleinbürgerthum mit betroffen hat.

Die Wohnungsnoth der Arbeiter und eines Theils der Kleinbürger unserer modernen großen Städte ist einer der zahllosen kleineren, sekundären Uebelstände, die aus der heutigen kapitalistischen Produktions-

---

*) In Marx, Misère de la Phisophie etc. Bruxelles et Paris, 1847.

weise hervorgehen. Sie ist durchaus nicht eine direkte Folge der Ausbeutung des Arbeiters, als Arbeiters, durch den Kapitalisten. Diese Ausbeutung ist das Grundübel, das die soziale Revolution abschaffen will, indem sie die kapitalistische Produktionsweise abschafft. Der Eckstein der kapitalistischen Produktionsweise aber ist die Thatsache: daß unsere jetzige Gesellschaftsordnung den Kapitalisten in den Stand setzt, die Arbeitskraft des Arbeiters zu ihrem Werth zu kaufen, aber weit mehr als ihren Werth aus ihr herauszuschlagen, indem er den Arbeiter länger arbeiten läßt, als zur Wiedererzeugung des für die Arbeitskraft gezahlten Preises nöthig ist. Der auf diese Weise erzeugte Mehrwerth wird vertheilt unter die Gesammtklasse der Kapitalisten und Grundeigenthümer, nebst ihren bezahlten Dienern, vom Papst und Kaiser bis zum Nachtwächter und darunter. Wie diese Vertheilung sich macht, geht uns hier nichts an; soviel ist sicher, daß Alle, die nicht arbeiten, eben nur leben können von Abfällen dieses Mehrwerths, die ihnen auf die eine oder die andere Art zufließen. (Vergleiche M a r x, D a s K a p i t a l, wo dies zuerst entwickelt.)

Die Vertheilung des durch die Arbeiterklasse erzeugten und ihr ohne Bezahlung abgenommenen Mehrwerths unter die nicht arbeitenden Klassen wickelt sich ab unter höchst erbaulichen Zänkereien und gegenseitiger Beschwindelung; soweit diese Vertheilung auf dem Wege des Kaufs und Verkaufs vor sich geht, ist einer ihrer Haupthebel die Prellerei des Käufers durch den Verkäufer, und diese ist im Kleinhandel, namentlich in den großen Städten, jetzt eine vollständige Lebensbedingung für den Verkäufer geworden. Wenn aber der Arbeiter von seinem Krämer oder Bäcker am Preis oder an der Qualität der Waare betrogen wird, so geschieht ihm das nicht in seiner spezifischen Eigenschaft als Arbeiter. Im Gegentheil, sowie ein gewisses Durchschnittsmaß von Prellerei die gesellschaftliche Regel an irgend einem Orte wird, muß sie auf die Dauer ihre Ausgleichung finden in einer entsprechenden Lohnerhöhung. Der Arbeiter tritt dem Krämer gegenüber als Käufer auf, d. h. als Besitzer von Geld oder Kredit, und daher keineswegs in seiner Eigenschaft als Arbeiter, d. h. als Verkäufer von Arbeitskraft. Die Prellerei mag ihn, wie überhaupt die ärmere Klasse, härter treffen als die reicheren Gesellschaftsklassen, aber sie ist nicht ein Uebel, das ihn ausschließlich trifft, das seiner Klasse eigenthümlich ist.

Geradeso ist es mit der Wohnungsnoth. Die Ausdehnung der modernen großen Städte gibt in gewissen, besonders in den zentral gelegenen Strichen derselben, dem Grund und Boden einen künstlichen, oft kolossal steigenden Werth; die darauf errichteten Gebäude, statt diesen Werth zu erhöhn, drücken ihn vielmehr herab, weil sie den veränderten Verhältnissen nicht mehr entsprechen; man reißt sie nieder und ersetzt sie durch andre. Dies geschieht vor Allem mit zentral gelegenen Arbeiterwohnungen, deren Miethe, selbst bei der größten Ueberfüllung, nie, oder doch nur äußerst langsam, über ein gewisses Maximum hinausgehn kann. Man reißt sie nieder und baut Läden, Waarenlager, öffentliche Gebäude an ihrer Stelle. Der Bonapartismus hat durch seinen Haußmann in Paris diese Tendenz auf's Kolossalste zu Schwindel und Privat-Bereicherung ausgebeutet; aber auch durch London, Manchester, Liverpool ist der Geist Haußmann's geschritten, und in Berlin und Wien scheint er sich ebenso heimisch zu fühlen. Das Resultat ist, daß die Arbeiter vom Mittelpunkt der Städte an den Umkreis gedrängt, daß Arbeiter- und überhaupt kleinere Wohnungen selten und theuer werden, und oft gar nicht zu haben sind; denn unter diesen Verhältnissen wird die Bauindustrie, der theurere Wohnungen ein weit besseres Spekulationsfeld bieten, immer nur ausnahmsweise Arbeiterwohnungen bauen.

Diese Miethsnoth trifft den Arbeiter also sicher härter als jede wohlhabendere Klasse; aber sie bildet, ebenso wenig wie die Prellerei des Krämers, einen ausschließlich auf die Arbeiterklasse drückenden Uebelstand, und muß, soweit sie die Arbeiterklasse betrifft, bei gewissem Höhegrad und gewisser Dauer, ebenfalls eine gewisse ökonomische Ausgleichung finden.

Es sind vorzugsweise diese der Arbeiterklasse mit andern Klassen, namentlich dem Kleinbürgerthum, gemeinsamen Leiden, mit denen sich der kleinbürgerliche Sozialismus, zu dem auch Proudhon gehört, mit Vorliebe beschäftigt. Und so ist es durchaus nicht zufällig, daß unser deutscher Proudhonist sich vor Allem der Wohnungsfrage, die, wie wir gesehn haben, keineswegs eine ausschließliche Arbeiterfrage ist, bemächtigt und daß er sie, im Gegentheil, für eine wahre, ausschließliche Arbeiterfrage erklärt.

„Was der Lohnarbeiter gegenüber dem Kapitalisten, das ist der Miether gegenüber dem Hausbesitzer."

Dies ist total falsch.

Bei der Wohnungsfrage haben wir zwei Parteien einander gegenüber, den Miether und den Vermiether oder Hauseigenthümer. Der erstere will vom letztern den zeitweiligen Gebrauch einer Wohnung kaufen; er hat Geld, oder Kredit — wenn er auch diesen Kredit dem Hauseigenthümer selbst wieder zu einem Wucherpreise, einem Miethzuschlag, abkaufen muß. Es ist ein einfacher Waarenverkauf; es ist nicht ein Geschäft zwischen Proletarier und Bourgeois, zwischen Arbeiter und Kapitalisten; der Miether — selbst wenn er Arbeiter ist — tritt als vermögender Mann auf, er muß seine ihm eigenthümliche Waare, die Arbeitskraft, schon verkauft haben, um mit ihrem Erlös als Käufer des Nießbrauchs einer Wohnung auftreten zu können, oder er muß Garantien für den bevorstehenden Verkauf dieser Arbeitskraft geben können. Die eigenthümlichen Resultate, die der Verkauf der Arbeitskraft an den Kapitalisten hat, fehlen hier gänzlich. Der Kapitalist läßt die gekaufte Arbeitskraft erstens ihren Werth wieder erzeugen, zweitens aber einen Mehrwerth, der vorläufig, und vorbehaltlich seiner Vertheilung unter die Kapitalistenklasse, in seinen Händen bleibt. Hier wird also ein überschüssiger Werth erzeugt, die Gesammtsumme des vorhandenen Werths wird vermehrt. Ganz anders beim Miethgeschäft. Um wie viel auch der Vermiether den Miether übervortheilen mag, es ist immer nur ein Uebertragen bereits vorhandenen, vorher erzeugten Werths, und die Gesammtsumme der von Miether und Vermiether zusammen besessenen Werthe bleibt nach wie vor dieselbe. Der Arbeiter, ob seine Arbeit vom Kapitalisten unter, über oder zu ihrem Werth bezahlt wird, wird immer um einen Theil seines Arbeitsprodukts geprellt; der Miether nur dann, wenn er die Wohnung über ihren Werth bezahlen muß. Es ist also eine totale Verdrehung des Verhältnisses zwischen Miether und

Vermiether, es mit dem zwischen Arbeiter und Kapitalisten gleichstellen zu wollen. Im Gegentheil, wir haben es mit einem ganz gewöhnlichen Waarengeschäft zwischen zwei Bürgern zu thun, und dies Geschäft wickelt sich ab nach den ökonomischen Gesetzen, die den Waarenverkauf überhaupt regeln, und speziell den Verlauf der Waare: Grundbesitz. Die Bau= und Unterhaltskosten des Hauses oder des betreffenden Haustheils kommen zuerst in Anrechnung; der durch die mehr oder weniger günstige Lage des Hauses bedingte Bodenwerth kommt in zweiter Linie; der augenblickliche Stand des Verhältnisses zwischen Nachfrage und Angebot entscheidet schließlich. Dies einfache ökonomische Verhältniß drückt sich im Kopf unsres Proudhonisten folgendermaßen aus:

„Das einmal gebaute Haus dient als **ewiger Rechtstitel** auf einen bestimmten Bruchtheil der gesellschaftlichen Arbeit, wenn auch der wirkliche Werth des Hauses längst schon mehr als genügend in der Form des Miethzinses an den Besitzer gezahlt wurde. So kommt es, daß ein Haus, welches z. B. vor 50 Jahren gebaut wurde, während dieser Zeit in dem Ertrag seines Miethzinses 2, 3, 5, 10mal u. s. w. den ursprünglichen Kostenpreis deckt."

Hier haben wir gleich den ganzen Proudhon. Erstens wird vergessen, daß die Hausmiethe nicht nur die Kosten des Hausbaus zu verzinsen, sondern auch Reparaturen und den durchschnittlichen Betrag schlechter Schulden, unbezahlter Miethen, sowie des gelegentlichen Leerstehens der Wohnung, zu decken, und endlich das in einem vergänglichen, mit der Zeit unbewohnbar und werthlos werdenden Hause angelegte Baukapital in jährlichen Raten abzutragen hat. Zweitens wird vergessen, daß die Wohnungsmiethe ebenfalls den Werthaufschlag des Grundstücks, auf dem das Haus steht, mit zu verzinsen hat, daß also ein Theil davon in Grundrente besteht. Unser Proudhonist erklärt zwar sogleich, daß dieser Werthaufschlag, da er ohne Zuthun des Grundeigenthümers bewirkt, von Rechtswegen nicht ihm, sondern der Gesellschaft gehört; er übersieht aber, daß er damit in Wirklichkeit die Abschaffung des Grundeigenthums verlangt, ein Punkt, auf den näher einzugehn uns hier zu weit führen würde. Endlich übersieht er, daß es sich bei dem ganzen Geschäft gar nicht darum handelt, dem Eigenthümer das Haus abzukaufen, sondern nur dessen Nießbrauch für eine bestimmte Zeit. Proudhon, der sich nie um die wirklichen, thatsächlichen Bedingungen kümmerte, unter denen irgend eine ökonomische Erscheinung vor sich geht, kann sich natürlich auch nicht erklären, wie der ursprüngliche Kostpreis eines Hauses unter Umständen in der Gestalt von Miethe in fünfzig Jahren zehnmal bezahlt wird. Anstatt diese gar nicht schwere Frage ökonomisch zu untersuchen, und festzustellen, ob sie wirklich und wie so? mit den ökonomischen Gesetzen in Widerspruch steht, hilft er sich durch einen kühnen Sprung aus der Oekonomie in die Juristerei: „das einmal gebaute Haus dient als **ewiger Rechtstitel**" auf bestimmte jährliche Zahlung. Wie das zu Stande kommt, **wie** das Haus ein Rechtstitel **wird**, davon schweigt Proudhon. Und doch ist es das gerade, was er hätte aufklären müssen. Hätte er es untersucht, so würde er gefunden haben, daß alle Rechtstitel in der Welt, und wenn sie noch so ewig, einem Hause nicht die Macht verleihen, seinen Kostpreis in fünfzig Jahren zehnmal in Gestalt von Miethe bezahlt zu erhalten, sondern daß blos ökonomische Bedingungen (die in Gestalt von Rechtstiteln gesellschaftlich anerkannt sein mögen) dies zu Stande bringen können. Und damit war er wieder so weit wie am Anfang.

Die ganze Proudhon'sche Lehre beruht auf diesem Rettungssprung aus der ökonomischen Wirklichkeit in die juristische Phrase. Wo immer dem braven Proudhon der ökonomische Zusammenhang verloren geht — und das kommt ihm bei jeder ernsthaften Frage vor — flüchtet er sich in das Gebiet des Rechts, und appellirt an die ewige Gerechtigkeit.

„Proudhon schöpft erst sein Ideal der ewigen Gerechtigkeit aus den der Waarenproduktion entsprechenden Rechtsverhältnissen, wodurch, nebenbei bemerkt, auch der für alle Spießbürger so tröstliche Beweis geliefert wird, daß die Form der Waarenproduktion ebenso nothwendig ist wie die Gerechtigkeit. Dann umgekehrt will er die wirkliche Waarenproduktion und das ihr entsprechende wirkliche Recht diesem Ideal gemäß ummodeln. Was würde man von einem Chemiker denken, der, statt die wirklichen Gesetze des Stoffwechsels zu studiren und auf Grundlage derselben bestimmte Aufgaben zu lösen, den Stoffwechsel durch die „ewigen Ideen" der „Natürlichkeit und der Verwandtschaft" ummodeln wollte? Weiß man etwa mehr über den Wucher, wenn man sagt, er widerspreche der „ewigen Gerechtigkeit" und der „ewigen Billigkeit" und der „ewigen Gegenseitigkeit" und andern „ewigen Wahrheiten", als die Kirchenväter wußten, wenn sie sagten, er widerspräche der „ewigen Gnade", dem „ewigen Glauben" und dem „ewigen Willen Gottes"? (Marx, Kapital, p. 45.)

Unserm Proudhonisten geht es nicht besser als seinem Herrn und Meister: „Der Miethsvertrag ist eine der tausend Umsetzungen, welche im Leben der modernen Gesellschaft so nothwendig sind wie die Zirkulation des Bluts im Körper der Thiere. Es wäre natürlich im Interesse dieser Gesellschaft, wenn alle diese Umsetzungen von einer Rechts-Idee durchdrungen wären, d. h. allenthalben nach den strengen Anforderungen der Gerechtigkeit durchgeführt würden. Mit einem Wort, das ökonomische Leben der Gesellschaft muß sich, wie Proudhon sagt, zur Höhe eines ökonomischen Rechtes emporschwingen. In Wahrheit findet bekanntlich das gerade Gegentheil statt."

Sollte man glauben, daß fünf Jahre, nachdem Marx den Proudhonismus, gerade nach dieser entscheidenden Seite hin, so kurz und schlagend gezeichnet, es möglich wäre, noch dergleichen konfuses Zeug in deutscher Sprache drucken zu lassen? Was heißt denn dieser Galimathias? Nichts, als daß die praktischen Wirkungen der ökonomischen Gesetze, die die heutige Gesellschaft regeln, dem Rechtsgefühl des Verfassers ins Gesicht schlagen, und daß er den frommen Wunsch hegt, die Sache möge sich so einrichten lassen, daß dem abgeholfen werde. — Ja, wenn die Kröten Schwänze hätten, wären sie eben keine Kröten mehr! Und ist denn die kapitalistische Produktionsweise nicht „von einer Rechtsidee durchdrungen", nämlich von der ihres eigenen Rechts auf Ausbeutung der Arbeiter? Und wenn uns der Verfasser sagt, daß das nicht seine Rechtsidee ist, sind wir einen Schritt weiter?

Aber zurück zur Wohnungsfrage. Unser Proudhonist läßt seiner „Rechtsidee" jetzt freien Lauf und gibt folgende rührende Deklamation zum Besten:

„Wir nehmen keinen Anstand, zu behaupten, daß es keinen furchtbareren Hohn auf die ganze Kultur unseres gerühmten Jahrhunderts gibt, als die Thatsache, daß in den großen Städten 90 Prozent der Bevölkerung und darüber keine Stätte haben, die sie ihr Eigen nennen können. Der eigentliche Knotenpunkt der sittlichen und Familienexistenz, Haus und Herd, wird vom sozialen Wirbel mit fortgerissen. . . . Wir stehen in dieser Beziehung weit unter den Wilden. Der Troglobyte hat seine Höhle, der Australier hat seine Lehmhütte, der Indianer seinen eigenen Herd, — der moderne Proletarier hängt faktisch in der Luft" u. s. w.

In dieser Jeremiade haben wir den Proudhonismus in seiner ganzen reaktionären Gestalt. Um die moderne revolutionäre Klasse des Proletariats zu schaffen, war es absolut nothwendig, daß die Nabelschnur durchschnitten wurde, die den Arbeiter der Vergangenheit noch an den Grund und Boden knüpfte. Der Handweber, der sein Häuschen, Gärtchen und Feldchen neben seinem Webstuhl hatte, war bei aller Misère und bei allem politischen Druck ein stiller, zufriedener Mann „in aller Gottseligkeit und Ehrbarkeit", zog den Hut vor den Reichen, Pfaffen und Staatsbeamten, und war innerlich durch und durch ein Sklave. Gerade die moderne große Industrie, die aus dem an den Boden gefesselten Arbeiter einen vollständig besitzlosen, aller überkommenen Ketten los und ledigen vogelfreien Proletarier gemacht, gerade diese ökonomische Revolution ist es, die die Bedingungen geschaffen hat, unter denen allein die Ausbeutung der arbeitenden Klasse in ihrer letzten Form, in der kapitalistischen Produktion, umgestürzt werden kann. Und jetzt kommt dieser thränenreiche Proudhonist und jammert, wie über einen großen Rückschritt, über die Austreibung der Arbeiter von Haus und Herd, die gerade die allererste Bedingung ihrer geistigen Emanzipation war.

Vor 27 Jahren habe ich („Lage der arbeitenden Klasse in England") grade diesen Prozeß der Vertreibung der Arbeiter von Haus und Herd, wie er sich im 18. Jahrhundert in England vollzog, in seinen Hauptzügen geschildert. Die Infamien, die die Grundbesitzer und Fabrikanten sich dabei zu Schulden kommen ließen, die materiell und moralisch nachtheiligen Wirkungen, die diese Vertreibung zunächst auf die betroffenen Arbeiter haben mußte, sind dort ebenfalls nach Würden dargestellt. Aber konnte es mir in den Sinn kommen, in diesem, unter den Umständen durchaus nothwendigen geschichtlichen Entwicklungsprozeß, einen Rückschritt „hinter die Wilden" zu sehn? Unmöglich. Der englische Proletarier von 1872 steht unendlich höher als der ländliche Weber mit „Haus und Herd" von 1772. Und wird der Troglobyte mit seiner Höhle, der Australier mit seiner Lehmhütte, der Indianer mit seinem eignen Herd jemals einen Juniaufstand und eine Pariser Kommune aufführen?

Daß die Lage der Arbeiter seit Durchführung der kapitalistischen Produktion auf großem Maßstab im Ganzen materiell schlechter geworden ist, das bezweifelt nur der Bourgeois. Aber sollen wir deshalb sehnsüchtig zurückschauen nach den (auch sehr magern) Fleischtöpfen Egyptens, nach der ländlichen kleinen Industrie, die nur Knechtsseelen erzog, oder nach den „Wilden"? Im Gegentheil. Erst das durch die moderne große Industrie geschaffene, von allen ererbten Ketten, auch von denen, die es an den Boden fesselten, befreite und in den großen Städten zusammen getriebene Proletariat ist im Stande, die große soziale Umgestaltung zu vollziehn, die aller Klassenausbeutung und aller Klassenherrschaft ein Ende machen wird. Die alten ländlichen Handweber mit Haus und Herd wären nie im Stande dazu gewesen, sie hätten nie solch einen Gedanken fassen, noch weniger seine Ausführung wollen können.

Für Proudhon hingegen ist die ganze industrielle Revolution der letzten hundert Jahre, die Dampfkraft, die große Fabrikation, die die Handarbeit durch Maschinen ersetzt und die Produktionskraft der Arbeit vertausendfacht, ein höchst widerwärtiges Ereigniß, etwas, das eigentlich nicht hätte stattfinden sollen. Der Kleinbürger Proudhon verlangt eine Welt, in der Jeder ein apartes selbständiges Produkt verfertigt, das sofort verbrauchbar und auf dem Markt austauschbar ist; wenn dann nur Jeder den vollen Werth seiner Arbeit in einem andern Produkt wieder erhält, so ist der „ewigen Gerechtigkeit" Genüge geleistet und die beste Welt hergestellt. Aber diese Proudhon'sche beste Welt ist schon in der Knospe zertreten worden durch den Fuß der fortschreitenden industriellen Entwicklung, die die Einzelarbeit in allen großen Industriezweigen längst vernichtet hat, und sie in den kleineren und kleinsten Zweigen täglich mehr vernichtet; die an ihre Stelle die gesellschaftliche Arbeit setzt, unterstützt von Maschinen und dienstbar gemachten Naturkräften, deren fertiges, sofort austauschbares oder verbrauchbares Produkt das gemeinsame Werk vieler Einzelnen ist, durch deren Hände es hat gehn müssen. Und grade durch diese industrielle Revolution hat die Produktionskraft der menschlichen Arbeit einen solchen Höhegrad erreicht, daß die Möglichkeit gegeben ist — zum ersten Mal, so lange Menschen existiren — bei verständiger Vertheilung der Arbeit unter Alle nicht nur genug für die reichliche Konsumtion aller Gesellschaftsglieder und für einen ausgiebigen Reservefond hervorzubringen, sondern auch jedem Einzelnen hinreichend Muße zu lassen, damit dasjenige, was aus der geschichtlich überkommenen Bildung — Wissenschaft, Kunst, Umgangsformen u. s. w. — wirklich werth ist, erhalten zu werden, nicht nur erhalten, sondern aus einem Monopol der herrschenden Klasse in ein Gemeingut der ganzen Gesellschaft verwandelt und weiter fortgebildet werde. Und hier liegt der entscheidende Punkt. Sobald die Produktionskraft der menschlichen Arbeit sich bis auf diesen Höhegrad entwickelt hat, verschwindet jeder Vorwand für den Bestand einer herrschenden Klasse. War doch der letzte Grund, womit der Klassenunterschied vertheidigt wurde, stets: Es muß eine Klasse geben, die sich nicht mit der Produktion ihres täglichen Lebensunterhalts abzuplacken hat, damit sie Zeit behält, die geistige Arbeit der Gesellschaft zu besorgen. Diesem Gerede, das bisher seine große geschichtliche Berechtigung hatte, ist durch die industrielle Revolution der letzten hundert Jahre ein für alle Mal die Wurzel abgeschnitten. Das Bestehn einer herrschenden Klasse wird täglich mehr ein Hinderniß für die Entwicklung der industriellen Produktivkraft und ebenso sehr für die der Wissenschaft, der Kunst, und namentlich der gebildeten Umgangsformen. Größere Knoten als unsere modernen Bourgeois hat es nie gegeben.

Alles dies geht Freund Proudhon Nichts an. Er will die „ewige

Gerechtigkeit" und weiter Nichts. Jeder soll im Austausch für sein Produkt den vollen Arbeitsertrag, den vollen Werth seiner Arbeit erhalten. Das aber in einem Produkt der modernen Industrie auszurechnen, ist eine verwickelte Sache. Die moderne Industrie verdunkelt eben den besonderen Antheil des Einzelnen am Gesammtprodukt, der in der alten Einzel-Handarbeit sich im erzeugten Produkt von selbst darstellte. Die moderne Industrie ferner beseitigt mehr und mehr den Einzelaustausch, auf dem Proudhons ganzes System aufgebaut ist, den direkten Austausch nämlich zwischen zwei Produzenten, deren Jeder das Produkt des Andern eintauscht, um es zu konsumiren. Daher geht durch den ganzen Proudhonismus ein reaktionärer Zug, ein Widerwille gegen die industrielle Revolution, und das bald offener, bald verstckter sich aussprechende Gelüst, die ganze moderne Industrie, Dampfmaschinen, Spinnmaschinen und andern Schwindel zum Tempel hinauszuwerfen und zurückzukehren zur alten, soliden Handarbeit. Daß wir dann an Produktionskraft neunhundert neun und neunzig Tausendstel verlieren, daß die gesammte Menschheit zur ärgsten Arbeitsklaverei verdammt, daß die Hungerleiderei allgemeine Regel wird, — was liegt daran, wenn wir es nur fertig bringen, den Austausch so einzurichten, daß Jeder den „vollen Arbeitsertrag" erhält und daß die „ewige Gerechtigkeit" durchgeführt wird? Fiat justitia, pereat mundus!

Gerechtigkeit muß bestehn —
Und sollt' die ganze Welt zu Grunde gehn!

Und zu Grunde gehn würde die Welt bei dieser Proudhon'schen Kontre-Revolution, wenn sie überhaupt durchführbar wäre.

Es versteht sich übrigens von selbst, daß auch bei der, durch die moderne große Industrie bedingten, gesellschaftlichen Produktion Jedem der „volle Ertrag seiner Arbeit", soweit diese Phrase einen Sinn hat, gesichert werden kann. Und einen Sinn hat sie nur, wenn sie dahin erweitert wird, daß nicht jeder einzelne Arbeiter Besitzer dieses „vollen Ertrages seiner Arbeit" wird, wohl aber die ganze aus lauter Arbeitern bestehende Gesellschaft Besitzerin des gesammten Produkts ihrer Arbeit, das sie theilweise zur Konsumtion unter ihre Mitglieder vertheilt, theilweise zum Ersatz und zur Vermehrung ihrer Produktionsmittel verwendet, und theilweise als Reservefond der Produktion und Konsumtion aufspeichert.

Nach dem Vorhergehenden können wir schon im Voraus wissen, wie unser Proudhonist die große Wohnungsfrage lösen wird. Einestheils haben wir die Forderung, daß jeder Arbeiter seine eigene, ihm gehörende Wohnung haben muß, damit wir nicht länger **unter den Wilden stehn**. Andrerseits haben wir die Versicherung, daß die zwei-, drei-, fünf- oder zehnmalige Bezahlung des ursprünglichen Kostenpreises eines Hauses in der Gestalt von Miethzins, wie sie in der That stattfindet, auf einem **Rechtstitel** beruht und daß dieser Rechtstitel im Widerspruch mit der „ewigen Gerechtigkeit" sich befindet. Die Lösung ist einfach: wir schaffen den Rechtstitel ab und erklären kraft der ewigen Gerechtigkeit den gezahlten Miethzins für eine Abschlagszahlung auf den Preis der Wohnung selbst. Wenn man sich feine Voraussetzungen so eingerichtet hat, daß sie die Schlußfolgerung bereits in sich enthalten, so gehört natürlich nicht mehr Geschicklichkeit dazu, als jeder Charlatan besitzt, um das im Voraus präparirte Resultat fertig aus dem Sack zu ziehn und auf die unerschütterliche Logik zu pochen, deren Erzeugniß es ist.

Und so geschieht es hier. Die Abschaffung der Miethwohnung wird als Nothwendigkeit proklamirt, und zwar in der Gestalt, daß die Verwandlung jedes Miethers in den Eigenthümer seiner Wohnung gefordert wird. Wie machen wir das? Ganz einfach: „Die Miethwohnung wird abgelöst... Dem bisherigen Hausbesitzer wird der Werth seines Hauses bis auf den Heller und Pfennig bezahlt. Statt daß, wie bisher, der bezahlte Miethzins den Tribut darstellt, welchen der Miether dem ewigen Rechte des Kapitals bezahlt, statt dessen wird von dem Tage an, wo die Ablösung der Miethwohnung proklamirt ist, die vom Miether bezahlte, genau geregelte Summe die jährliche Abschlagszahlung für die in seinen Besitz übergegangene Wohnung.... Die Gesellschaft... wandelt sich auf diesem Wege in eine Gesammtheit unabhängiger freier Besitzer von Wohnungen um."

Der Proudhonist findet ein Verbrechen gegen die ewige Gerechtigkeit darin, daß der Hauseigenthümer ohne Arbeit, Grundrente und Zins aus seinem im Hause angelegten Kapital herausschlagen kann. Er dekretirt, daß dies aufhören muß; daß das in Häusern angelegte Kapital keinen Zins, und so weit es gekauften Grundbesitz vertritt, auch keine Grundrente mehr einbringen soll. Nun haben wir gesehen, daß damit die kapitalistische Produktionsweise, die Grundlage der jetzigen Gesellschaft, gar nicht berührt wird. Der Angelpunkt, um den sich die Ausbeutung des Arbeiters dreht, ist der Verkauf der Arbeitskraft an den Kapitalisten, und der Gebrauch, den der Kapitalist von diesem Geschäfte macht, indem er den Arbeiter weit mehr zu produziren nöthigt, als der bezahlte Werth der Arbeitskraft beträgt. Dies Geschäft zwischen Kapitalist und Arbeiter ist es, das all den Mehrwerth erzeugt, der nachher in Gestalt von Grundrente, Handelsprofit, Kapitalzins, Steuern u. s. w. auf die verschiedenen Unterarten von Kapitalisten und ihren Dienern sich vertheilt. Und jetzt kommt unser Proudhonist und glaubt, wenn man **einer einzigen Unterart** von Kapitalisten, und zwar von solchen Kapitalisten, die direkt gar keine Arbeitskraft kaufen, also auch keinen Mehrwerth produziren lassen, verböte, Profit resp. Zins zu machen, so sei man einen Schritt weiter! Die Masse der der Arbeiterklasse abgenommenen unbezahlten Arbeit bliebe genau dieselbe, auch wenn den Hausbesitzern die Möglichkeit, Grundrente und Zins sich zahlen zu lassen, morgen genommen würde, was unsern Proudhonisten nicht verhindert, zu erklären: „die Abschaffung der Miethwohnung ist somit eine der **fruchtbarsten und großartigsten Bestrebungen**, welche dem Schooße der revolutionären Idee entstammt, und eine **Forderung ersten Ranges** von Seiten der sozialen Demokratie werden muß." Ganz die Marktschreierei des Meisters Proudhon selbst, bei dem das Gegacker auch stets im umgekehrten Verhältnisse zu der Größe der gelegten Eier steht.

Nun denkt Euch aber den schönen Zustand, wenn jeder Arbeiter, Kleinbürger und Bourgeois genöthigt wird, durch jährliche Abzahlungen erſt Theils, dann ganzer Eigenthümer ſeiner Wohnung zu werden! In den Induſtriebezirken Englands, wo es große Induſtrie, aber kleine Arbeiterhäuſer gibt und jeder verheirathete Arbeiter ein Häuschen für ſich bewohnt, hätte die Sache noch einen möglichen Sinn. Aber die kleine Induſtrie von Paris, ſowie der meiſten großen Städte des Kontinents wird ergänzt durch große Häuſer, in denen zehn, zwanzig, dreißig Familien zuſammenwohnen. Am Tage des weltbefreienden Dekrets, das die Ablöſung der Miethwohnung proklamirt, arbeitet Peter in einer Maſchinenfabrik in Berlin. Nach Ablauf eines Jahres iſt er Eigenthümer, meinetwegen des fünfzehnten Theiles ſeiner, aus einer Kammer des fünften Stockes irgendwo am Hamburger Thor beſtehenden Wohnung. Er verliert ſeine Arbeit und findet ſich bald darauf in einer ähnlichen Wohnung, mit brillanter Ausſicht auf den Hof, im dritten Stock am Pothof in Hannover, wo er nach fünfmonatlichem Aufenthalte eben $^1/_{36}$ des Eigenthums erworben hat, als ein Strike ihn nach München verſchlägt und ihn zwingt, ſich durch elfmonatlichen Aufenthalt genau $^{11}/_{180}$ des Eigenthumsrechts auf ein ziemlich dunkles Anweſen, zu ebner Erde, hinter der Ober-Angergaſſe aufzuladen. Fernere Umzüge, wie ſie Arbeitern heute ſo oft vorkommen, hängen ihm ferner an: $^7/_{360}$ einer nicht minder empfehlenswerthen Wohnung in St. Gallen, $^{23}/_{180}$ einer anderen in Leeds und $^{347}/_{56223}$, genau gerechnet, ſo daß „die ewige Gerechtigkeit" ſich nicht beklagen kann, einer dritten in Seraing. Was hat nun unſer Peter von allen dieſen Wohnungsantheilen? Wer giebt ihm den richtigen Werth dafür? Wo ſoll er den oder die Eigenthümer der übrigen Antheile an ſeinen verſchiedenen ehemaligen Wohnungen auftreiben? Und wie ſteht es erſt um die Eigenthumsverhältniſſe eines beliebigen großen Hauſes, deſſen Stockwerke ſage zwanzig Wohnungen enthalten und das, wenn die Ablöſungsfriſt abgelaufen und die Miethswohnung abgeſchafft iſt, vielleicht dreihundert Theileigenthümern gehört, die in allen Weltgegenden zerſtreut ſind? Unſer Proudhoniſt wird antworten, daß bis dahin die Proudhon'ſche Tauſchbank beſtehen wird, welche jederzeit an Jedermann für jedes Arbeitsprodukt den vollen Arbeitsertrag, alſo auch für einen Wohnungsantheil den vollen Werth auszahlen wird. Aber die Proudhon'ſche Tauſchbank geht uns hier erſtens gar nichts an, da ſie ſelbſt in den Artikeln über die Wohnungsfrage nirgends erwähnt wird; ſie beruht zweitens auf dem ſonderbaren Irrthum, daß, wenn Jemand eine Waare verkaufen will, er auch immer nothwendig einen Käufer für ihren vollen Werth findet, und ſie hat drittens, ehe Proudhon ſie erſand, bereits in England unter dem Namen Labour Exchange Bazaar mehr als einmal fallirt.

Die ganze Vorſtellung, daß der Arbeiter ſich ſeine Wohnung kaufen ſoll, beruht wieder auf der ſchon hervorgehobenen Proudhon'ſchen reaktionären Grundanſchauung, daß die durch die moderne große Induſtrie geſchaffenen Zuſtände krankhafte Auswüchſe ſind und die Geſellſchaft gewaltſam — d. h. gegen die Strömung, der ſie ſeit hundert Jahren folgt — einem Zuſtande entgegengeführt werden muß, in dem die alte ſtabile Handarbeit des Einzelnen die Regel, und der überhaupt nichts Anderes iſt, als eine idealiſirte Wiederherſtellung des untergegangenen und noch untergehenden Kleingewerbsbetriebs. Sind die Arbeiter erſt wieder in dieſe ſtabilen Zuſtände zurückgeworfen, iſt der „ſoziale Wirbel" erst glücklich beseitigt, so kann der Arbeiter natürlich auch wieder Eigenthum an „Haus und Herd" gebrauchen und die obige Ablösungstheorie erscheint weniger abgeschmackt. Nur vergißt Proudhon, daß, um dies fertig zu bringen, er erst die Uhr der Weltgeschichte um hundert Jahre zurückstellen muß, und daß er damit die heutigen Arbeiter wieder zu eben solchen beschränkten, kriechenden, duckmäuserigen Sklavenseelen machen würde, wie ihre Ururgroßväter waren.

Soweit aber in dieser Proudhon'schen Lösung der Wohnungsfrage ein rationeller, praktisch verwerthbarer Inhalt liegt, soweit wird sie heutzutage bereits durchgeführt, und zwar entstammt diese Durchführung nicht dem „Schoße der revolutionären Idee", sondern — den großen Bourgeois selbst. Hören wir hierüber ein vortreffliches spanisches Blatt, „La Emancipacion" von Madrid, vom 16. März 1872:

„Es gibt noch ein anderes Mittel, die Wohnungsfrage zu lösen, das von Proudhon vorgeschlagen worden und das beim ersten Anblick blendet, aber bei näherer Prüfung seine totale Ohnmacht enthüllt. Proudhon schlug vor, die Miether in Käufer auf Abschlagszahlung zu verwandeln, so daß der jährlich bezahlte Miethzins als Ablösungsrate auf den Werth der Wohnung angerechnet und der Miether nach Ablauf einer gewissen Zeit Eigenthümer dieser Wohnung würde. Dieses Mittel, das Proudhon für sehr revolutionär hielt, wird heutzutage in allen Ländern durch Gesellschaften von Spekulanten ins Werk gesetzt, welche sich so durch Erhöhung des Miethpreises den Werth der Häuser zwei bis drei Mal bezahlen lassen. Herr Dollfus und andere große Fabrikanten des nordöstlichen Frankreichs haben dies System verwirklicht, nicht nur um Geld herauszuschlagen, sondern obendrein mit einem politischen Hintergedanken.

„Die gescheidtesten Führer der herrschenden Klassen haben stets ihre Anstrengungen darauf gerichtet, die Zahl der kleinen Eigenthümer zu vermehren, um sich eine Armee gegen das Proletariat zu erziehn. Die bürgerlichen Revolutionen des vorigen Jahrhunderts zertheilten den großen Grundbesitz des Adels und der Kirche in kleines Parzelleneigenthum, wie heute die spanischen Republikaner es mit dem noch bestehenden großen Grundbesitz machen wollen, und schufen so eine Klasse kleiner Grundeigenthümer, die seitdem das allerreaktionärste Element der Gesellschaft und das stetige Hinderniß gegenüber der revolutionären Bewegung des städtischen Proletariats geworden ist. Napoleon III. beabsichtigte, durch Verkleinerung der einzelnen Staatsschuldantheile, in den Städten eine ähnliche Klasse zu schaffen, und Herr Dollfus und seine Kollegen, indem sie ihren Arbeitern kleine, durch jährliche Abzahlungen abzutragende Wohnungen verkauften, suchten allen revolutionären Geist in den Arbeitern zu ersticken und gleichzeitig sie durch ihren Grundbesitz an die Fabrik, in der sie einmal arbeiteten, zu fesseln; so daß der Plan Proudhon's nicht nur der Arbeiterklasse keine Erleichterung schuf — er kehrte sich sogar direkt gegen sie."*)

---

*) Wie sich diese Lösung der Wohnungsfrage vermittelst der Fesselung der Arbeiter an ein eigenes „Heim" in der Nähe großer oder emporkommender amerikanischer Städte naturwüchsig macht, darüber folgende

Wie ist nun die Wohnungsfrage zu lösen? In der heutigen Gesellschaft gerade wie eine jede andere gesellschaftliche Frage gelöst wird: durch die allmälige ökonomische Ausgleichung von Nachfrage und Angebot, eine Lösung, die die Frage selbst immer wieder von Neuem erzeugt, also keine Lösung ist. Wie eine soziale Revolution diese Frage lösen würde, hängt nicht nur von den jedesmaligen Umständen ab, sondern auch zusammen mit viel weiter gehenden Fragen, unter denen die Aufhebung des Gegensatzes von Stadt und Land eine der wesentlichsten ist. Da wir keine utopistischen Systeme für die Einrichtung der künftigen Gesellschaft zu machen haben, wäre es mehr als müßig, hierauf einzugehn. Soviel aber ist sicher, daß schon jetzt in den großen Städten hinreichend Wohngebäude vorhanden sind, um bei rationeller Benutzung derselben jeder wirklichen „Wohnungsnoth" sofort abzuhelfen. Dies kann natürlich nur durch Expropriation der heutigen Besitzer, resp. durch Bequartierung ihrer Häuser mit obdachlosen oder in ihren bisherigen Wohnungen übermäßig zusammengebrängten Arbeitern geschehn, und sobald das Proletariat die politische Macht erobert hat, wird eine solche, durch das öffentliche Wohl gebotene Maßregel ebenso leicht ausführbar sein, wie andere Expropriationen und Einquartierungen durch den heutigen Staat.

Unser Proudhonist ist aber mit seinen bisherigen Leistungen in der Wohnungsfrage nicht zufrieden. Er muß sie von der platten Erde in das Gebiet des höheren Sozialismus erheben, damit sie doch auch hier als ein wesentlicher „Bruchtheil der sozialen Frage" sich bewähre.

„Wir nehmen nun an, die Produktivität des Kapitals werde wirklich bei den Hörnern gefaßt, wie das früher oder später geschehn muß, z. B. durch ein Uebergangsgesetz, welches den **Zins aller Kapitalien auf Ein Prozent festsetzt**, wohl gemerkt, mit der Tendenz, auch diesen Prozentsatz immer mehr dem Nullpunkt zu nähern, so daß schließlich nichts mehr bezahlt wird, als **die zur Umsetzung des Kapitals nöthige Arbeit**. Wie alle anderen Produkte ist natürlich auch Haus und Wohnung in den Rahmen dieses Gesetzes gefaßt..... Der Besitzer selbst wird der Erste sein, der seine Hand zum Verkauf

---

Stelle aus einem Brief von Eleanor Marx-Aveling, Indianopolis, 28. November 1886: „In oder vielmehr bei Kansas City sahen wir erbärmliche kleine Holzschuppen, zu etwa drei Zimmern, noch ganz in der Wildniß; der Boden kostete 600 Dollars, und war eben groß genug, das kleine Häuschen darauf zu setzen; dieses selbst kostete weitere 600 Dollars, also zusammen 4800 Mark für ein elendes kleines Ding, eine Stunde Wegs von der Stadt, in einer schlammigen Einöde." Somit haben die Arbeiter schwere Hypothekschulden aufzunehmen, um nur diese Wohnungen zu erhalten, und sind nun erst recht die Sklaven ihrer Brotherren; sie sind an ihre Häuser gebunden, sie können nicht weg, und müssen alle ihnen gebotenen Arbeitsbedingungen sich gefallen lassen."

bietet, da sein Haus sonst unbenützt und das in ihm angelegte Kapital einfach nutzlos sein würde."

Dieser Satz enthält einen der Hauptglaubensartikel des Proudhonschen Katechismus und gibt ein schlagendes Exempel von der darin herrschenden Konfusion.

Die „Produktivität des Kapitals" ist ein Unding, das Proudhon von den bürgerlichen Oekonomen unbesehn übernimmt. Die bürgerlichen Oekonomen fangen zwar auch mit dem Satz an, daß die Arbeit die Quelle alles Reichthums und das Maß des Werthes aller Waaren ist; aber sie müssen auch erklären, wie es kommt, daß der Kapitalist, der Kapital zu einem industriellen oder Handwerksgeschäft vorschießt, nicht nur sein vorgeschossenes Kapital am Ende des Geschäftes zurückerhält, sondern auch noch einen Profit obendrein. Sie müssen sich daher in allerlei Widersprüche verwickeln und auch dem Kapital eine gewisse Produktivität zuschreiben. Nichts beweist besser, wie tief Proudhon noch in der bürgerlichen Denkweise befangen ist, als daß er sich diese Redeweise von der Produktivität des Kapitals angeeignet. Wir haben gleich am Anfang gesehn, daß die sogenannte „Produktivität des Kapitals" nichts andres ist, als die ihm (unter den heutigen gesellschaftlichen Verhältnissen, ohne die es eben kein Kapital wäre) anhaftende Eigenschaft, sich die unbezahlte Arbeit von Lohnarbeitern aneignen zu können.

Aber Proudhon unterscheidet sich von den bürgerlichen Oekonomen dadurch, daß er diese „Produktivität des Kapitals" nicht billigt, sondern im Gegentheil in ihr eine Verletzung der „ewigen Gerechtigkeit" entdeckt. Sie ist es, die es verhindert, daß der Arbeiter den vollen Ertrag seiner Arbeit erhält. Sie muß also abgeschafft werden. Und wie? Indem der Zinsfuß durch Zwangsgesetze herabgesetzt und endlich auf Null reduzirt wird. Dann hört nach unserm Proudhonisten das Kapital auf, produktiv zu sein.

Der Zins des ausgeliehenen Geldkapitals ist nur ein Theil des Profits; der Profit, sei es des industriellen, sei es des Handelskapitals, ist nur ein Theil des, in Gestalt von unbezahlter Arbeit, der Arbeiterklasse durch die Kapitalistenklasse abgenommenen Mehrwerths. Die ökonomischen Gesetze, die den Zinsfuß regeln, sind von denen, die die Rate des Mehrwerths regeln, so unabhängig, wie dies überhaupt zwischen Gesetzen einer und derselben Gesellschaftsform stattfinden kann. Was aber die Vertheilung dieses Mehrwerths unter die einzelnen Kapitalisten angeht, so ist klar, daß für Industrielle und Kaufleute, die viel von andren Kapitalisten vorgeschossenes Kapital in ihrem Geschäft haben, die Rate ihres Profits in demselben Maß steigen muß, wie — wenn alle andern Umstände sich gleichbleiben — der Zinsfuß fällt. Die Herabdrückung und schließliche Abschaffung des Zinsfußes würde also keineswegs die sogenannte „Produktivität des Kapitals" wirklich „bei den Hörnern fassen", sondern nur die Vertheilung des der Arbeiterklasse abgenommenen unbezahlten Mehrwerths unter die einzelnen Kapitalisten anders regeln, und nicht dem Arbeiter gegenüber dem industriellen Kapitalisten, sondern dem industriellen Kapitalisten gegenüber dem Rentier einen Vortheil sichern.

Proudhon, von seinem juristischen Standpunkt aus, erklärt den Zinsfuß, wie alle ökonomischen Thatsachen, nicht durch die Bedingungen der gesellschaftlichen Produktion, sondern durch die Staatsgesetze, in denen diese Bedingungen einen allgemeinen Ausdruck erhalten. Von diesem Standpunkt aus, dem jede Ahnung des Zusammenhangs der Staatsgesetze mit den Produktionsbedingungen der Gesellschaft abgeht, erscheinen diese Staatsgesetze nothwendigerweise als rein willkürliche Befehle, die jeden Augenblick ebensogut durch ihr direktes Gegentheil ersetzt werden können. Es ist also nichts leichter für Proudhon, als ein Dekret zu erlassen — sobald er die Macht dazu hat —, wodurch der Zinsfuß auf ein Prozent herabgesetzt wird. Und wenn alle andren gesellschaftlichen Umstände bleiben, wie sie waren, so wird dies Proudhon'sche Dekret eben nur auf dem Papier existiren. Der Zinsfuß wird sich nach wie vor nach den ökonomischen Gesetzen regeln, denen er heute unterworfen ist, trotz aller Dekrete; kreditfähige Leute werden nach Umständen Geld zu 2, 3, 4 und mehr Prozent aufnehmen, ebensogut wie vorher, und der einzige Unterschied wird der sein, daß die Rentiers sich genau vorsehn, und nur solchen Leuten Geld vorschießen, bei denen kein Prozeß zu erwarten ist. Dabei ist dieser große Plan, dem Kapital seine „Produktivität" zu nehmen, uralt, so alt wie die — Wuchergesetze, die nichts Andres bezwecken, als den Zinsfuß zu beschränken, und die jetzt überall abgeschafft sind, weil sie in der Praxis stets gebrochen oder umgangen wurden, und der Staat seine Ohnmacht gegenüber den Gesetzen der gesellschaftlichen Produktion bekennen mußte. Und die Wiedereinführung dieser mittelalterlichen, unausführbaren Gesetze soll „die Produktivität des Kapitals bei den Hörnern fassen"? Man sieht, je näher man den Proudhonismus untersucht, desto reaktionärer erscheint er.

Und wenn dann der Zinsfuß auf diese Weise auf Null heruntergebracht, der Kapitalzins also abgeschafft ist, dann wird „nichts mehr bezahlt, als die zur Umsetzung des Kapitals nöthige Arbeit." Das soll heißen, die Abschaffung des Zinsfußes ist gleich der Abschaffung des Profits und sogar des Mehrwerths. Wäre es aber möglich, den Zins durch Dekret w i r k l i c h abzuschaffen, was wäre die Folge? Daß die Klasse der R e n t i e r s keine Veranlassung mehr hätte, ihr Kapital in Gestalt von Vorschüssen auszuleihen, sondern es selbst oder in Aktiengesellschaften für eigene Rechnung industriell anzulegen. Die Masse des der Arbeiterklasse durch die Kapitalistenklasse abgenommenen Mehrwerths bliebe dieselbe, nur ihre Vertheilung änderte sich, und auch das nicht bedeutend.

In der That übersieht unser Proudhonist, daß auch schon jetzt, im Waarenkauf der bürgerlichen Gesellschaft, durchschnittlich eben nichts mehr bezahlt wird, als „die zur Umsetzung des Kapitals (soll heißen, zur Produktion der bestimmten Waare) nöthige Arbeit." Die Arbeit ist der Maßstab des Werths aller Waaren, und es ist in der heutigen Gesellschaft — von den Schwankungen des Marktes abgesehen — rein unmöglich, daß im Gesammt-Durchschnitt für die Waaren mehr bezahlt wird als die zu ihrer Herstellung nöthige Arbeit. Nein, nein, lieber Proudhonist, der Haken liegt wo ganz anders: er liegt darin, daß „die zur Umsetzung des Kapitals (um Ihre konfuse Ausdrucksweise zu gebrauchen) nöthige Arbeit" eben n i c h t v o l l b e z a h l t wird! Wie das zugeht, können Sie bei Marx (Kapital S. 128—160) nachlesen.

Damit nicht genug. Wenn der K a p i t a l z i n s abgeschafft wird, ist damit auch der Miethzins abgeschafft. Denn „wie alle anderen Produkte ist natürlich auch Haus und Wohnung in den Rahmen dieses Gesetzes gefaßt." Dies ist ganz im Geist des alten Majors, der seinen Einjährigen rufen ließ: „Sagen Sie mal, ich höre, Sie sind Doktor — da kommen Sie doch von Zeit zu Zeit zu mir; wenn man eine Frau und sieben Kinder hat, da gibt's immer was zu flicken." —

Einjähriger: „Aber verzeihen Sie, Herr Major, ich bin Doktor der Philosophie."

Major: „Das ist mich ganz egal, Pflasterkasten ist Pflasterkasten." —

So geht es unserm Proudhonisten auch: Miethzins oder Kapitalzins, das ist ihm ganz egal, Zins ist Zins, Pflasterkasten ist Pflasterkasten. — Wir haben oben gesehen, daß der Miethpreis, vulgo Miethzins, sich zusammensetzt 1) aus einem Antheil Grundrente, 2) aus einem Antheil Zins auf das Baukapital einschließlich des Profits für den Bau Unternehmer; 3) aus einem Antheil für Reparatur- und Assekuranzkosten; 4) aus einem Antheil, der das Baukapital inkl. Profit in jährlichen Raterzahlungen abträgt (amortisirt), im Verhältniß wie das Haus allmälig verschleißt.

Und nun muß es auch dem Blindesten klar geworden sein: „Der Besitzer selbst wird der Erste sein, der seine Hand zum Verkaufe bietet, da sein Haus sonst unbenützt und das in ihm angelegte Kapital einfach nutzlos sein würde." Natürlich. Wenn man den Zins auf Vorschußkapital abschafft, so kann kein Hausbesitzer mehr einen Pfennig Miethe für sein Haus erhalten, blos weil man für Miethe auch Miethzins sagen kann und weil der Miethzins einen Antheil einschließt, der wirklicher Kapitalzins ist. Pflasterkasten bleibt Pflasterkasten. Wenn die Wuchergesetze in Beziehung auf den gewöhnlichen Kapitalzins doch nur durch Umgehung unwirksam gemacht werden konnten, so haben sie den Satz der Hausmiethe nie auch nur im Entferntesten berührt. Erst Proudhon blieb es vorbehalten, sich einzubilden, sein neues Wuchergesetz werde ohne Weiteres nicht nur den einfachen Kapitalzins, sondern auch den komplizirten Miethzins für Wohnungen regeln und allmälig abschaffen. Warum dann dem Hausbesitzer noch das „einfach nutzlose" Haus für theures Geld abgekauft werden soll, und wieso unter diesen Umständen der Hausbesitzer nicht noch Geld dazu gibt, dies „einfach nutzlose" Haus loszuwerden, damit er keine Reparaturkosten mehr daran zu wenden hat, darüber läßt man uns im Dunkeln.

Nach dieser triumphirenden Leistung auf dem Gebiet des höheren Sozialismus (Suprasozialismus nannte das der Meister Proudhon) hält sich unser Proudhonist für berechtigt, noch etwas höher zu fliegen. „Es handelt sich jetzt nur mehr darum, noch einige Folgerungen zu ziehn, um von allen Seiten her volles Licht auf unsern so bedeutenden Gegenstand fallen zu lassen." Und was sind diese Folgerungen? Dinge, die aus dem Vorhergehenden ebensowenig folgen, wie die Werthlosigkeit der Wohnhäuser aus der Abschaffung des Zinsfußes, und die, der pompösen und weihevollen Redensarten unsres Verfassers entkleidet, weiter nichts bedeuten, als daß zur besseren Abwicklung des Miethwohnungs-Ablösungsgeschäfts wünschenswerth ist: 1) eine genaue Statistik über den Gegenstand, 2) eine gute Gesundheitspolizei und 3) Genossenschaften von Bauarbeitern, die den Neubau von Häusern übernehmen können" — alles Dinge, die gewiß sehr schön und gut sind, die aber trotz aller marktschreierischen Phrasenumhüllung durchaus kein „volles Licht" in das Dunkel der Proudhon'schen Gedankenverwirrung bringen.

Wer so Großes vollbracht, hat nun auch das Recht, an die deutschen Arbeiter eine ernste Mahnung zu richten: „Solche und ähnliche Fragen, dünkt uns, sind der Aufmerksamkeit der sozialen Demokratie wohl werth.... Möge sie sich, wie hier über die Wohnungsfrage, so auch über die andern gleich wichtigen Fragen, wie K r e d i t, S t a a t s s c h u l d e n, P r i v a t s c h u l d e n, S t e u e r u. s. w. klar zu werden suchen" u. s. w.

Hier stellt uns unser Proudhonist also eine ganze Reihe von Artikeln über „ähnliche Fragen" in Aussicht, und wenn er sie alle so ausführlich behandelt wie den gegenwärtigen „so bedeutenden Gegenstand", so hat der „Volksstaat" Manuskripte genug für ein Jahr. Wir können dem indeß vorgreifen — es läuft Alles auf das schon Gesagte hinaus: Der Kapitalzins wird abgeschafft, damit fällt der für Staatsschulden und Privatschulden zu zahlende Zins fort, der Kredit wird kostenfrei u. s. w. Dasselbe Zauberwort wird auf jeden beliebigen Gegenstand angewandt, und bei jedem einzelnen Fall kommt das erstaunliche Resultat mit unerbittlicher Logik heraus: daß, wenn der Kapitalzins abgeschafft ist, man für aufgenommenes Geld keine Zinsen mehr zu zahlen hat.

Uebrigens sind es schöne Fragen, mit denen unser Proudhonist uns bedroht: K r e d i t! Welchen Kredit braucht der Arbeiter, als den von Woche zu Woche oder den Kredit des Pfandhauses? Ob ihm dieser kostenfrei oder für Zinsen, selbst Pfandhauswucherzinsen, geleistet wird, wie viel macht ihm das Unterschied? Und wenn er, allgemein genommen, einen Vortheil davon hätte, also die Produktionskosten der Arbeitskraft wohlfeiler würden, müßte nicht der Preis der Arbeitskraft fallen? — Aber für den Bourgeois und speziell den Kleinbürger — für die ist der Kredit eine wichtige Frage, und für den Kleinbürger speziell wäre es eine schöne Sache, den Kredit jederzeit, und noch dazu ohne Zinszahlung, erhalten zu können. — „Staatsschulden"! Die Arbeiterklasse weiß, daß sie sie nicht gemacht hat, und wenn sie zur Macht kommt, wird sie die Abzahlung denen überlassen, die sie aufgenommen haben. — „Privatschulden"! — siehe Kredit. — „Steuern"! Dinge, die die Bourgeoisie sehr, die Arbeiter aber nur sehr wenig interessiren: was der Arbeiter an Steuern zahlt, geht auf die Dauer in die Produktionskosten der Arbeitskraft mit ein, muß also vom Kapitalisten mitvergütet werden. Alle diese Punkte, die uns hier als hochwichtige Fragen für die Arbeiterklasse vorgehalten werden, haben in Wirklichkeit wesentliches Interesse nur für den Bourgeois und noch mehr für den Kleinbürger, und wir behaupten, trotz Proudhon, daß die Arbeiterklasse keinen Beruf hat, die Interessen dieser Klassen wahrzunehmen.

Von der großen, die Arbeiter wirklich angehenden Frage, von dem Verhältniß zwischen Kapitalist und Lohnarbeiter, von der Frage: wie es kommt, daß der Kapitalist sich aus der Arbeit seiner Arbeiter bereichern kann, davon sagt unser Proudhonist kein Wort. Sein Herr und Meister hat sich allerdings damit beschäftigt, aber durchaus keine Klarheit hineingebracht, und ist auch in seinen letzten Schriften im

Wesentlichen nicht weiter als in der von Marx schon 1847 so schlagend in ihr ganzes Nichts aufgelösten „Philosophie de la Misère" (Philosophie des Elends).

Es ist schlimm genug, daß die romanisch redenden Arbeiter seit fünfundzwanzig Jahren fast gar keine andre sozialistische Geistesnahrung gehabt haben, als die Schriften dieses „Sozialisten des zweiten Kaiserthums"; es wäre ein doppeltes Unglück, wenn die proudhonistische Theorie jetzt auch noch Deutschland überfluthen sollte. Dafür ist jedoch gesorgt. Der theoretische Standpunkt der deutschen Arbeiter ist dem proudhonistischen um fünfzig Jahre voraus, und es wird genügen, an dieser e i n e n Wohnungsfrage ein Exempel zu statuiren, um fernerer Mühe in dieser Beziehung überhoben zu sein.

Zweiter Abschnitt.

Wie die Bourgeoisie die Wohnungsfrage löst.

I.

In dem Abschnitt über die **proudhonistische** Lösung der Wohnungsfrage wurde gezeigt, wie sehr das Kleinbürgerthum bei dieser Frage direkt interessirt ist. Aber auch das Großbürgerthum hat ein sehr bedeutendes, wenn auch indirektes Interesse daran. Die moderne Naturwissenschaft hat nachgewiesen, daß die sogenannten „schlechten Viertel", in denen die Arbeiter zusammengedrängt sind, die Brutstätten aller jener Seuchen bilden, die von Zeit zu Zeit unsre Städte heimsuchen. Cholera, Typhus und typhoide Fieber, Blattern und andre verheerende Krankheiten verbreiten in der verpesteten Luft und dem vergifteten Wasser dieser Arbeiterviertel ihre Keime; sie sterben dort fast nie aus, entwickeln sich, sobald die Umstände es gestatten, zu epidemischen Seuchen, und bringen dann auch über ihre Brutstätten hinaus, in die luftigeren und gesunderen, von den Herren Kapitalisten bewohnten Stadttheile. Die Kapitalistenherrschaft kann nicht ungestraft sich das Vergnügen erlauben, epidemische Krankheiten unter der Arbeiterklasse zu erzeugen; die Folgen fallen auf sie selbst zurück, und der Würgengel wüthet unter den Kapitalisten ebenso rücksichtslos wie unter den Arbeitern.

Sobald dies einmal wissenschaftlich festgestellt war, entbrannten die menschenfreundlichen Bourgeois in edlem Wetteifer für die Gesundheit ihrer Arbeiter. Gesellschaften wurden gestiftet, Bücher geschrieben, Vorschläge entworfen, Gesetze debattirt und dekretirt, um die Quellen der immer wiederkehrenden Seuchen zu verstopfen. Die Wohnungsverhältnisse der Arbeiter wurden untersucht und Versuche gemacht, den schreiendsten Uebelständen abzuhelfen. Namentlich in England, wo die meisten großen Städte bestanden und daher das Feuer den Großbürgern am heftigsten auf die Nägel brannte, wurde eine große Thätigkeit entwickelt; Regierungskommissionen wurden ernannt, um die Gesundheitsverhältnisse der arbeitenden Klasse zu untersuchen; ihre Berichte, durch Genauigkeit, Vollständigkeit und Unparteilichkeit vor allen kontinentalen Quellen sich rühmlich auszeichnend, lieferten die Grundlagen zu neuen, mehr oder weniger scharf eingreifenden Gesetzen. So unvollkommen diese Gesetze auch sind, so übertreffen sie doch unendlich Alles, was bisher auf dem

Kontinent in dieser Richtung geschehn. Und trotzdem erzeugt die kapitalistische Gesellschaftsordnung die Mißstände, um deren Kur es sich handelt, immer wieder mit solcher Nothwendigkeit, daß selbst in England die Kur kaum einen einzigen Schritt vorgerückt ist.

Deutschland brauchte, wie gewöhnlich, eine weit längere Zeit, bis die, auch hier chronisch bestehenden Seuchenquellen zu derjenigen akuten Höhe sich entwickelten, die nothwendig war, um das schläfrige Großbürgerthum aufzurütteln. Indeß, wer langsam geht, geht sicher, und so entstand auch bei uns schließlich eine bürgerliche Literatur der öffentlichen Gesundheit und der Wohnungsfrage, ein wässeriger Auszug ihrer ausländischen, namentlich englischen, Vorgänger, dem man durch volltönende, weihevolle Phrasen den Schein höherer Auffassung anschwindelt. Zu dieser Literatur gehört: "**Dr. Emil Sax, die Wohnungszustände der arbeitenden Klassen und ihre Reform**", Wien 1869.

Ich greife, um die bürgerliche Behandlung der Wohnungsfrage darzulegen, dies Buch nur deswegen heraus, weil es den Versuch macht, die bürgerliche Literatur über den Gegenstand möglichst zusammenzufassen. Und eine schöne Literatur ist es, die unsrem Verfasser als "Quelle" dient! Von den englischen Parlamentsberichten, der wirklichen Hauptquellen, werden nur drei der allerältesten mit Namen genannt; das ganze Buch beweist, daß der Verfasser nie auch nur Einen davon angesehn hat; dagegen wird uns eine ganze Reihe von gemeinplätzlich bürgerlichen, wohlmeinend spießbürgerlichen, und heuchlerisch philanthropischen Schriften vorgeführt; Ducpétiaux, Roberts, Hole, Huber, die Verhandlungen der englischen Sozialwissenschafts- (oder vielmehr Kohl) Kongresse, die Zeitschrift des Vereins für das Wohl der arbeitenden Klassen in Preußen, der östreichische amtliche Bericht über die Pariser Weltausstellung, die amtlichen bonapartistischen Berichte über dieselbe, die "Illustrirte Londoner Zeitung", "Ueber Land und Meer", und endlich "eine anerkannte Autorität", ein Mann von "scharfsinniger, praktischer Auffassung", von "überzeugender Eindringlichkeit der Rede", nämlich — Julius Faucher! Es fehlt in dieser Quellenliste nur noch die "Gartenlaube", der "Kladderadatsch" und der Füsilier Kutschke.

Damit über den Standpunkt des Herrn Sax kein Mißverständniß aufkommen könne, erklärt er, Seite 22: "Wir bezeichnen mit Sozialökonomie die Volkswirthschaftslehre in ihrer Anwendung auf die sozialen Fragen, genauer ausgedrückt, den Inbegriff der Mittel und Wege, welche uns diese Wissenschaft bietet, auf **Grund ihrer "ehernen" Gesetze innerhalb des Rahmens der gegenwärtig herrschenden Gesellschaftsordnung, die sogenannten** (!) **besitzlosen Klassen auf das Niveau der Besitzenden emporzuheben**". Wir gehen nicht ein auf die konfuse Vorstellung, daß die "Volkswirthschaftslehre" oder politische Oekonomie sich überhaupt mit andern als "sozialen" Fragen beschäftige. Wir gehn gleich auf den Hauptpunkt los. Dr. Sax verlangt die "ehernen Gesetze" der bürgerlichen Oekonomie, der "Rahmen der gegenwärtig herrschenden Gesellschaftsordnung", mit andern Worten, die kapitalistische Produktionsweise soll unverändert bestehn bleiben, und doch sollen die "sogenannten besitzlosen Klassen auf das Niveau der Besitzenden" emporgehoben werden.

Nun ist es aber eine unumgängliche Voraussetzung der kapitalistischen Produktionsweise, daß eine nicht sogenannte, sondern wirkliche besitzlose Klasse vorhanden ist, die eben Nichts zu verkaufen hat als ihre Arbeitskraft, und die daher auch gezwungen ist, den industriellen Kapitalisten diese Arbeitskraft zu verkaufen. Die Aufgabe der von Herrn Sax erfundenen neuen Wissenschaft der Sozialökonomie besteht also darin: die Mittel und Wege zu finden, wie innerhalb eines Gesellschaftszustands, der begründet ist auf den Gegensatz von Kapitalisten, Inhabern aller Rohmaterialien, Produktionsinstrumente und Lebensmittel einerseits, und von besitzlosen Lohnarbeitern, die nur ihre Arbeitskraft und weiter Nichts ihr Eigen nennen andrerseits, wie innerhalb dieses Gesellschaftszustands alle Lohnarbeiter in Kapitalisten verwandelt werden können, ohne aufzuhören Lohnarbeiter zu sein. Herr Sax meint diese Frage gelöst zu haben. Vielleicht wird er so gut sein, uns zu zeigen, wie man alle Soldaten der französischen Armee, von denen ja seit dem alten Napoleon Jeder seinen Marschallstab im Tornister trägt, in Feldmarschälle verwandeln kann, ohne daß sie aufhören, gemeine Soldaten zu sein. Oder wie man es fertig bringt, alle 40 Millionen Unterthanen des deutschen Reichs zu deutschen Kaisern zu machen.

Es ist das Wesen des bürgerlichen Sozialismus, die Grundlage aller Uebel der heutigen Gesellschaft aufrecht erhalten, und gleichzeitig diese Uebel abschaffen zu wollen. Die bürgerlichen Sozialisten wollen, wie schon das kommunistische Manifest sagt, „den sozialen Mißständen abhelfen, um den Bestand der bürgerlichen Gesellschaft zu sichern", sie wollen „die Bourgeoisie ohne das Proletariat". Wir haben gesehn, daß Herr Sax die Frage genau ebenso stellt. Ihre Lösung findet er in der Lösung der Wohnungsfrage; er ist der Ansicht, daß „durch Verbesserung der Wohnungen der arbeitenden Klassen dem geschilderten leiblichen und geistigen Elend mit Erfolg abzuhelfen und dadurch — durch umfassende Besserung der Wohnungszustände allein — der überwiegende Theil dieser Klassen aus dem Sumpf ihrer oft kaum menschenwürdigen Existenz zu den reinen Höhen materiellen und geistigen Wohlbefindens emporzuheben wäre". (Seite 14.) Nebenbei bemerkt, liegt es im Interesse der Bourgeoisie, die Existenz eines durch die bürgerlichen Produktionsverhältnisse geschaffenen und deren Fortbestand bedingenden Proletariats zu vertuschen. Daher erzählt uns Herr Sax, Seite 21, daß unter arbeitenden Klassen alle „unbemittelten Gesellschaftsklassen", „kleine Leute überhaupt, als Handwerker, Wittwen, Pensionisten (!), subalterne Beamte u. s. w." neben den eigentlichen Arbeitern zu verstehn sind. Der Bourgeoissozialismus reicht dem kleinbürgerlichen die Hand.

Woher kommt nun die Wohnungsnoth? Wie entstand sie? Herr Sax darf als guter Bourgeois nicht wissen, daß sie ein nothwendiges Erzeugniß der bürgerlichen Gesellschaftsform ist; daß eine Gesellschaft nicht ohne Wohnungsnoth bestehen kann, in der die große arbeitende Masse auf Arbeitslohn, also auf die zu ihrer Existenz und Fortpflanzung nothwendige Summe von Lebensmitteln, ausschließlich angewiesen ist; in der fortwährend neue Verbesserungen der Maschinerie u. s. w. Massen von Arbeitern außer Arbeit setzen; in der heftige, regelmäßig wiederkehrende industrielle Schwankungen einerseits das Vorhandensein einer zahlreichen Reservearmee von unbeschäftigten Arbeitern bedingen, andrerseits zeitweilig die große Masse der Arbeiter arbeitslos auf die Straße treiben; in der Arbeiter massenhaft in den großen Städten zusammengedrängt werden, und zwar rascher als unter den bestehenden Verhältnissen Wohnungen für sie entstehn; in der also für die infamsten Schweinställe sich immer Miether finden müssen; in der endlich der Hausbesitzer, in seiner Eigenschaft als Kapitalist, nicht nur das Recht, sondern, vermöge der Konkurrenz, auch gewissermaßen die Pflicht hat, aus seinem Hauseigenthum rücksichtslos die höchsten Miethpreise herauszuschlagen. In einer solchen Gesellschaft ist die Wohnungsnoth kein Zufall, sie ist eine nothwendige Institution, sie kann mitsammt ihren Rückwirkungen auf die Gesundheit u. s. w. nur beseitigt werden, wenn die ganze Gesellschaftsordnung, der sie entspringt, von Grund aus umgewälzt wird. Das aber darf der Bourgeoissozialismus nicht wissen. Er darf sich die Wohnungsnoth nicht aus den Vertältnissen erklären. Es bleibt ihm also kein anderes Mittel übrig, als sie mit moralischen Phrasen aus der Schlechtigkeit der Menschen zu erklären, sozusagen aus der Erbsünde.

„Und da ist nicht zu verkennen — und folglich nicht zu leugnen (kühner Schluß!) — daß die Schuld . . . einestheils **an den Arbeitern selbst** liegt, den Wohnungsbegehrenden, andern und zwar weit größeren Theils aber an denjenigen, welche die Befriedigung des Bedürfnisses übernehmen, oder, obwol sie über die erforderlichen Mittel gebieten, auch nicht übernehmen, **an den besitzenden, höheren Gesellschaftsklassen.** Die Schuld auf Seiten der letzteren . . . besteht darin, daß sie es sich nicht angelegen sein lassen, für ausreichendes Angebot guter Wohnungen zu sorgen."

Wie Proudhon uns aus der Oekonomie in die Juristerei, so versetzt uns hier unser Bourgeoissozialist aus der Oekonomie in die Moral. Und nichts ist natürlicher. Wer die kapitalistische Produktionsweise, die „ehernen Gesetze" der heutigen bürgerlichen Gesellschaft, für unantastbar erklärt, und doch ihre mißliebigen, aber nothwendigen Folgen abschaffen will, dem bleibt nichts übrig als den Kapitalisten Moralpredigten zu halten, Moralpredigten, deren Rühreffekt sofort wieder durch das Privatinteresse und nöthigen Falls durch die Konkurrenz, in Dunst aufgelöst wird. Diese Moralpredigten gleichen genau denen der Henne am Rande des Teichs, auf dem ihre ausgebrüteten Entchen lustig herumschwimmen. Die Entchen gehn aufs Wasser, obwol es keine Ballen, und die Kapitalisten stürzen sich auf den Profit, obwol er kein Gemüth hat. „In Geldsachen hört die Gemüthlichkeit auf", sagte schon der alte Hansemann, der das besser kannte als Herr Sax.

„Die guten Wohnungen stehn so hoch im Preise, daß es dem größten Theil der Arbeiter ganz und gar unmöglich ist, davon Gebrauch zu machen. Das große Kapital . . . hält sich von den Wohnungen für die arbeitenden Klassen sch u zurück . . . so fallen denn diese Klassen mit ihrem Wohnungsbedürfnisse zum größten Theil der Spekulation anheim." Abscheuliche Spekulation — das große Kapital spekulirt natürlich nie! Aber es ist nicht der böse Wille, es ist nur die Unwissenheit, die das große Kapital verhindert, in Arbeiterhäusern zu spekuliren: „Die Hausbesitzer **wissen** gar nicht, welch große und wich-

tige Rolle eine normale Befriedigung des Wohnungsbedürfnisses...
spielt, sie wissen nicht, was sie den Leuten thun, wenn
sie ihnen, wie die Regel, so unverantwortlich schlechte, schädliche Woh=
nungen anbieten, und sie wissen endlich nicht, wie sie sich selbst damit
schaden." (Seite 27.)

Die Unwissenheit der Kapitalisten bedarf aber der Unwissenheit der
Arbeiter, um mit ihr die Wohnungsnoth zu erzeugen. Nachdem Herr
Sax zugegeben, daß die „alleruntersten Schichten" der Arbeiter, „um
nicht ganz obdachlos zu bleiben, wo und wie immer ein Nachtlager zu
suchen bemüßigt (!) und in dieser Beziehung völlig wehr= und hülflos
sind", erzählt er uns: „Denn es ist eine allbekannte Thatsache, wie viele
unter ihnen (den Arbeitern) aus Leichtsinn, vorwiegend aber aus Un=
wissenheit, ihrem Körper die Bedingungen naturgemäßer Entwickelung
und gesunder Existenz, fast möchte man sagen, mit Virtuosität, entziehn,
indem sie von einer rationellen Gesundheitspflege, insbesondere aber
davon, welch enorme Bedeutung der Wohnung in dieser zukommt, nicht
den mindesten Begriff haben." (Seite 27.)

Nun aber kommt das bürgerliche Eselsohr heraus. Während bei den
Kapitalisten die „Schuld" sich in Unwissenheit verflüchtigte, ist bei den
Arbeitern die Unwissenheit nur der Anlaß zur Schuld. Man höre: „So
kommt es (nämlich durch die Unwissenheit), daß sie sich, wenn sie nur
etwas an der Miethe ersparen, in dunkle, feuchte, unzureichende, kurz
allen Anforderungen der Hygiene Hohn sprechende Wohnungen ziehn...
daß oft mehrere Familien in eine einzige Wohnung, ja, ein einziges
Zimmer sich zusammen miethen — Alles, um möglichst wenig für die
Wohnung auszugeben, während sie daneben auf Trunk und allerlei
eitle Vergnügungen ihr Einkommen in wahrhaft sünd=
hafter Weise verschleudern." Das Geld, das die Arbeiter
„auf Branntwein und Tabak verschwenden" (Seite 28), das „Wirths=
hausleben mit all seinen beklagenswerthen Folgen, das wie ein Bleigewicht
den Arbeiterstand immer wieder in den Schlamm hinabzieht", liegt Herrn
Sax in der That wie ein Bleigewicht im Magen. Daß unter den ge=
gebenen Verhältnissen die Trunksucht unter den Arbeitern ein noth=
wendiges Produkt ihrer Lebenslage ist, ebenso nothwendig wie Typhus,
Verbrechen, Ungeziefer, Gerichtsvollzieher und andere gesellschaftliche
Krankheiten, so nothwendig, daß man die Durchschnittszahl der der
Trunksucht Verfallenden vorher berechnen kann, das darf Herr Sax
wieder nicht wissen. Uebrigens sagte schon mein alter Elementarlehrer:
„Die Gemeinen gehen in das Fuselhaus und die Vornehmen gehn in
den Klub", und da ich in Beiden gewesen bin, kann ich die Richtigkeit
bezeugen.

Das ganze Gerede von der „Unwissenheit" beider Theile läuft hinaus
auf die alten Redensarten von der Harmonie der Interessen von Kapital
und Arbeit. Wenn die Kapitalisten ihr wahres Interesse kennten,
würden sie den Arbeitern gute Wohnungen liefern und sie überhaupt
besser stellen; und wenn die Arbeiter ihr wahres Interesse verständen,
würden sie nicht strifen, nicht Sozialdemokratie treiben, nicht politisiren,
sondern hübsch ihren Vorgesetzten, den Kapitalisten, folgen. Leider finden
beide Theile ihre Interessen ganz wo anders als in den Predigten des
Herrn Sax und seiner zahllosen Vorgänger. Das Evangelium von der

Harmonie zwischen Kapital und Arbeit ist nun schon an die fünfzig Jahre gepredigt worden; die bürgerliche Philanthropie hat es sich schweres Geld kosten lassen, diese Harmonie durch Musteranstalten zu beweisen; und wie wir später sehen werden, sind wir heute grade so weit wie vor fünfzig Jahren.

Unser Verfasser geht nun an die praktische Lösung der Frage. Wie wenig revolutionär der Vorschlag Proudhon's war, die Arbeiter zu Eigenthümern ihrer Wohnungen zu machen, geht schon daraus hervor, daß der bürgerliche Sozialismus diesen Vorschlag schon vor ihm praktisch auszuführen versucht hatte und noch versucht. Auch Herr Sax erklärt, daß die Wohnungsfrage vollständig nur durch Uebertragung des Eigenthums der Wohnung an die Arbeiter zu lösen sei (S. 58 und 59). Mehr noch, er verfällt in dichterische Verzückung bei diesem Gedanken, und bricht in folgenden Begeisterungsschwung aus:

„Es ist etwas Eigenthümliches um die im Menschen liegende Sehnsucht nach Grundbesitz, einen Trieb, den selbst das **fieberhaft pulsirende Güterleben** der Gegenwart nicht abzuschwächen vermochte. Es ist dies das unbewußte Gefühl von der Bedeutung der wirthschaftlichen Errungenschaft, die der Grundbesitz darstellt. Mit ihm bekommt der Mensch einen sicheren Halt, er wurzelt gleichsam fest in den Boden und jede Wirthschaft (!) hat in demselben die dauerhafteste Basis. Doch weit über diese materiellen Vortheile reicht die Segenskraft des Grundbesitzes hinaus. Wer so glücklich ist, einen solchen sein zu nennen, hat **die denkbar höchste Stufe wirthschaftlicher Unabhängigkeit erreicht**; er hat ein Gebiet, worauf er **souverän** schalten und walten kann, er ist **sein eigner Herr**, er hat eine gewisse Macht und einen **sichern Rückhalt für die Zeit der Noth**; es wächst sein Selbstbewußtsein und mit diesem seine moralische Kraft. Daher die tiefe Bedeutung des Eigenthums in der vorliegenden Frage.... Der Arbeiter, hülflos heute den Wechselfällen der Konjunktur ausgesetzt, in steter Abhängigkeit von dem Arbeitgeber, würde dadurch bis zu einem gewissen Grad dieser prekären Lage entrückt, er **würde Kapitalist** und gegen die Gefahren der Arbeitslosigkeit oder Arbeitsunfähigkeit durch den Realkredit, der ihm in Folge dessen offen stände, gesichert. **Er würde dadurch aus der besitzlosen in die Klasse der Besitzenden emporgehoben.**" (Seite 63.)

Herr Sax scheint vorauszusetzen, daß der Mensch wesentlich Bauer ist, sonst würde er nicht den Arbeitern unserer großen Städte eine Sehnsucht nach Grundbesitz andichten, die sonst Niemand bei ihnen entdeckt hat. Für unsre großstädtischen Arbeiter ist Freiheit der Bewegung erste Lebensbedingung, und Grundbesitz kann ihnen nur eine Fessel sein. Verschafft ihnen eigne Häuser, kettet sie wieder an die Scholle, und Ihr brecht ihre Widerstandskraft gegen die Lohnherabdrückung der Fabrikanten. Der einzelne Arbeiter mag sein Häuschen gelegentlich verkaufen können, bei einem ernstlichen Strike oder einer allgemeinen Industriekrise aber würden sämmtliche den betreffenden Arbeitern gehörenden Häuser zum Verkauf auf den Markt kommen müssen, also gar keine Käufer finden, oder weit unter Kostpreis losgeschlagen werden. Und wenn sie alle Käufer fänden, so wäre ja die ganze große Wohnungsreform des Herrn Sax wieder in Nichts aufgelöst und er könnte wieder von vorn anfangen.

Indeß, Dichter leben in einer Welt der Einbildung, und so auch Herr Sax, der sich einbildet, der Grundbesitzer habe „die höchste Stufe wirthschaftlicher Unabhängigkeit erreicht", er habe „einen sichern Rückhalt", er würde Kapitalist und gegen die Gefahren der Arbeitslosigkeit und Arbeitsunfähigkeit durch den Realkredit, der ihm in Folge dessen offen stände, gesichert" u. s. w. Herr Sax sehe sich doch die französischen und unsre rheinischen kleinen Bauern an; ihre Häuser und Felder sind mit Hypotheken über und über beschwert, ihre Ernte gehört ihren Gläubigern, ehe sie geschnitten ist, und auf ihrem „Gebiet" schalten und walten nicht sie souverän, sondern der Wucherer, der Advokat und der Gerichtsvollzieher. Das ist allerdings die denkbar höchste Stufe der wirthschaftlichen Unabhängigkeit — für den Wucherer! Und damit die Arbeiter so rasch wie möglich ihr Häuschen unter dieselbe Souveränität des Wucherers bringen, weist sie der wohlwollende Herr Sax vorsorglich auf den ihnen offen stehenden Realkredit hin, den sie in Arbeitslosigkeit und Arbeitsunfähigkeit benutzen können, statt der Armenpflege zur Last zu fallen.

Jedenfalls hat nun Herr Sax die Anfangs gestellte Frage gelöst: der Arbeiter „wird Kapitalist" durch Erwerb eines eignen Häuschens.

Kapital ist Kommando über die unbezahlte Arbeit Andrer. Das Häuschen des Arbeiters wird also nur Kapital, sobald er es einem Dritten vermiethet, und in der Gestalt der Miethe sich einen Theil des Arbeitsprodukts dieses Dritten aneignet. Dadurch, daß er es selbst bewohnt, wird das Haus gerade daran verhindert, Kapital zu werden, ebenso wie der Rock in demselben Augenblick aufhört Kapital zu sein, wo ich ihn vom Schneider kaufe und anziehe. Der Arbeiter, der ein Häuschen im Werth von tausend Thalern besitzt, ist allerdings kein Proletarier mehr, aber man muß Herr Sax sein, um ihn einen Kapitalisten zu nennen.

Das Kapitalistenthum unsres Arbeiters hat aber noch eine andre Seite. Nehmen wir an, in einer gegebenen Industriegegend sei es die Regel geworden, daß jeder Arbeiter sein eignes Häuschen besitzt. In diesem Fall wohnt die Arbeiterklasse jener Gegend frei; Unkosten für Wohnung gehen nicht mehr ein in den Werth ihrer Arbeitskraft. Jede Verringerung der Erzeugungskosten der Arbeitskraft, d. h. jede dauernde Preiserniedrigung der Lebensbedürfnisse des Arbeiters kommt aber „auf Grund der ehernen Gesetze der Volkswirthschaftslehre" einer Herabdrückung des Werths der Arbeitskraft gleich, und hat daher schließlich einen entsprechenden Fall im Arbeitslohn zur Folge. Der Arbeitslohn würde also durchschnittlich um den ersparten Durchschnitts-Miethbetrag fallen, d. h. der Arbeiter würde die Miethe für sein eignes Haus zahlen, aber nicht, wie früher, in Geld an den Hausbesitzer, sondern in unbezahlter Arbeit an den Fabrikanten, für den er arbeitet. Auf diese Weise würden die im Häuschen angelegten Ersparnisse des Arbeiters allerdings gewissermaßen zu Kapital, aber Kapital nicht für ihn, sondern für den ihn beschäftigenden Kapitalisten.

Herr Sax bringt es also nicht einmal auf dem Papier fertig, seinen Arbeiter in einen Kapitalisten zu verwandeln.

Beiläufig bemerkt, gilt das oben Gesagte von allen sogenannten sozialen Reformen, die auf Sparen oder auf Verwohlfeilung der Lebensmittel des Arbeiters hinauslaufen. Entweder werden sie allgemein, und dann folgt ihnen eine entsprechende Lohnherabsetzung, oder aber sie bleiben ganz vereinzelte Experimente, und dann beweist ihr bloßes Dasein als einzelne Ausnahme, daß ihre Durchführung im Großen mit der bestehenden kapitalistischen Produktionsweise unvereinbar ist. Nehmen wir an, in einer Gegend gelinge es, durch allgemeine Einführung von Konsumvereinen die Lebensmittel der Arbeiter um 20 Prozent wohlfeiler zu machen; so müßte der Arbeitslohn auf die Dauer dort um annähernd 20 Prozent fallen, d. h. in demselben Verhältniß, in dem die betreffenden Lebensmittel in den Lebensunterhalt der Arbeiter eingehn. Verwendet der Arbeiter z. B. durchschnittlich drei Viertel seines Wochenlohns auf diese Lebensmittel, so fällt der Arbeitslohn schließlich um $3/4 \times 20 = 15$ Prozent. Kurzum: sobald eine derartige Sparreform allgemein geworden, erhält der Arbeiter in demselben Verhältniß weniger Lohn, als ihm seine Ersparnisse erlauben, wohlfeiler zu leben. Gebt jedem Arbeiter ein erspartes, unabhängiges Einkommen von 52 Thaler, und sein Wochenlohn muß schließlich um einen Thaler sinken. Also: je mehr er spart, desto weniger Lohn erhält er. Er spart also nicht in seinem eignen Interesse, sondern in dem des Kapitalisten. Was bedarf es mehr, in ihm „die erste wirthschaftliche Tugend, den Sparsinn ... auf das Mächtigste anzuregen?" (S. 64.)

Uebrigens sagt uns Herr Sax auch gleich darauf, daß die Arbeiter Hausbesitzer werden sollen nicht sowohl in ihrem eignen Interesse, als in dem der Kapitalisten: „Doch nicht der Arbeiterstand, auch die Gesellschaft im Ganzen hat das höchste Interesse daran, möglichst viele ihrer Glieder mit dem Boden verknüpft (!) zu sehen (ich möchte Herrn Sax wohl einmal in dieser Positur sehn).... Alle die geheimen Kräfte, die den Vulkan, die soziale Frage genannt, der unter unsern Füßen glüht, entflammen, die proletarische Verbitterung, der Haß... die gefährlichen Begriffsverirrungen... sie müssen zerstäuben wie die Nebel vor der Morgensonne, wenn ... die Arbeiter selbst auf jenem Wege in die Klasse der Besitzenden übergehen." (S. 65.) In andern Worten: Herr Sax hofft, daß die Arbeiter durch eine Verschiebung ihrer proletarischen Stellung, wie sie der Hauserwerb herbeiführen müßte, auch ihren proletarischen Charakter verlieren und wieder gehorsame Duckmäuser werden gleich ihren ebenfalls hausbesitzenden Vorfahren. Die Proudhonisten mögen sich das zu Gemüthe führen.

Hiermit glaubt Herr Sax die soziale Frage gelöst zu haben: „Die gerechtere Vertheilung der Güter, das Sphinxräthsel, an dessen Lösung sich schon Viele vergeblich versuchten, liegt sie nicht so als greifbares Faktum vor uns, ist sie nicht damit den Regionen der Ideale entrückt und in den Bereich der Wirklichkeit getreten? Und wenn realisirt, ist damit nicht eins der höchsten Ziele erreicht, das selbst die Sozialisten der extremsten Richtung als den Gipfelpunkt ihrer Theorien hinstellen?" (S. 66.)

Es ist ein wahres Glück, daß wir uns bis hierher durchgearbeitet haben. Dieser Jubelruf bildet nämlich den „Gipfelpunkt" des Sax'schen Buchs, und von jetzt an geht es wieder sachte bergunter, aus „den Regionen der Ideale" auf die platte Wirklichkeit, und wenn wir unten ankommen, werden wir finden, daß sich nichts, aber auch gar nichts in unsrer Abwesenheit geändert hat.

Den ersten Schritt bergab läßt uns unser Führer thun, indem er uns belehrt, daß es zwei Systeme von Arbeiterwohnungen gibt: das Cottagesystem, wo jede Arbeiterfamilie ihr eignes Häuschen und womöglich Gärtchen hat, wie in England, und das Kasernensystem der großen, viele Arbeiterwohnungen enthaltenden Gebäude, wie in Paris, Wien u. s. w. Zwischen beiden stehe das in Norddeutschland übliche System. Nun sei zwar das Cottagesystem das einzig richtige, und das einzige, wobei der Arbeiter das Eigenthum an seinem Hause erwerben könne; auch habe das Kasernensystem sehr große Nachtheile für Gesundheit, Moralität und häuslichen Frieden — aber leider, leider sei das Cottagesystem grade in den Mittelpunkten der Wohnungsnoth, in den großen Städten, wegen der Bodentheurung unausführbar, und man könne noch froh sein, wenn man dort, statt großer Kaserner, Häuser zu 4 bis 6 Wohnungen errichte oder den Hauptmängeln des Kasernensystems durch allerhand bauliche Künsteleien abhelfe. (S. 71—92.)

Nicht wahr, wir sind schon ein gutes Stück heruntergekommen? Die Verwandlung der Arbeiter in Kapitalisten, die Lösung der sozialen Frage, das jedem Arbeiter eigenthümlich gehörende Haus — das Alles ist oben in „den Regionen der Ideale" geblieben; wir haben uns nur noch damit zu beschäftigen, das Cottagesystem auf dem Lande einzuführen und in den Städten die Arbeiterkasernen so erträglich wie möglich einzurichten.

Die bürgerliche Lösung der Wohnungsfrage ist also eingestandener Maßen gescheitert — gescheitert an dem Gegensatz von Stadt und Land. Und hier sind wir an dem Kernpunkt der Frage angelangt. Die Wohnungsfrage ist erst dann zu lösen, wenn die Gesellschaft weit genug umgewälzt ist, um die Aufhebung des von der jetzigen kapitalistischen Gesellschaft auf die Spitze getriebenen Gegensatzes von Stadt und Land in Angriff zu nehmen. Die kapitalistische Gesellschaft, weit entfernt, diesen Gegensatz aufheben zu können, muß ihn im Gegentheil täglich mehr verschärfen. Dagegen haben schon die ersten modernen utopistischen Sozialisten, Owen und Fourier, dies richtig erkannt. In ihren Mustergebäuden existirt der Gegensatz von Stadt und Land nicht mehr. Es findet also das Gegentheil statt von dem, was Herr Sax behauptet: nicht die Lösung der Wohnungsfrage löst zugleich die soziale Frage, sondern erst durch die Lösung der sozialen Frage, d. h. durch die Abschaffung der kapitalistischen Produktionsweise, wird zugleich die Lösung der Wohnungsfrage möglich gemacht. Die Wohnungsfrage lösen wollen und die modernen großen Städte forterhalten wollen, ist ein Widersinn. Die modernen großen Städte werden aber beseitigt erst durch die Abschaffung der kapitalistischen Produktionsweise, und wenn diese erst in Gang gebracht, wird es sich um ganz andere Dinge handeln, als jedem Arbeiter ein ihm zu eigen gehörendes Häuschen zu verschaffen.

Zunächst wird aber jede soziale Revolution die Dinge nehmen müssen, wie sie sie findet, und den schreiendsten Uebeln mit den vorhandenen Mitteln abhelfen müssen. Und da haben wir schon gesehn, daß der Wohnungs noth sofort abgeholfen werden kann durch Expropriation eines

Theils der den besitzenden Klassen gehörenden Luxuswohnungen und durch Bequartirung des übrigen Theils.

Wenn nun Herr Sax im Verfolg wieder aus den großen Städten herausgeht, und ein Langes und Breites redet über Arbeiterkolonien, die **neben** den Städten angelegt werden sollen, wenn er alle die Schönheiten solcher Kolonien schildert, mit ihrer gemeinsamen „Wasserleitung, Gasbeleuchtung, Luft- oder Warmwasserheizung, Waschküchen, Trockenstuben, Badekammern u. dgl.", mit „Kleinkinderbewahranstalt, Schule, Betsaal (!), Lesezimmer, Bibliothek ... Wein- und Bierstube, Tanz- und Musiksaal in allen Ehren", mit Dampfkraft, die in alle Häuser geleitet werden und so „die Produktion in gewissem Umfang aus den Fabriken in die häusliche Werkstätte zurückverlegen" kann, — so ändert das an der Sache nichts. Die Kolonie, wie er sie schildert, ist von Herrn Huber den Sozialisten Owen und Fourier direkt abgeborgt und blos durch Abstreifung alles Sozialistischen total verbürgert. Dadurch aber wird sie erst recht utopistisch. Kein Kapitalist hat ein Interesse daran, solche Kolonien anzulegen, wie denn auch nirgendwo in der Welt eine solche besteht, außer in Guise in Frankreich; und diese ist gebaut von einem Fourieristen, nicht als rentable Spekulation, sondern als sozialistisches Experiment.*) Ebensogut hätte Herr Sax die im Anfang der vierziger Jahre von Owen in Hampshire gegründete und längst untergegangene kommunistische Kolonie „Harmony Hall" zu Gunsten seiner bürgerlichen Projektenmacherei anführen können.

Indeß ist all' dies Gerede von Kolonisation nur ein lahmer Versuch, wieder in die „Regionen der Ideale" emporzufliegen, der auch sofort wieder fallen gelassen wird. Wir gehn nun wieder flott bergab. Die einfachste Lösung ist nun die, „daß die Arbeitgeber, die Fabrikherren, den Arbeitern zu entsprechenden Wohnungen verhelfen, sei es, daß sie diese selbst herstellen, sei es, daß sie die Arbeiter zu eigner Bauthätigkeit aufmuntern und unterstützen, indem sie ihnen Grund und Boden zur Verfügung stellen, das Baukapital vorschießen u. s. w." (S. 106.) — Hiermit sind wir wieder aus den großen Städten heraus, wo von alledem keine Rede sein kann, und auf's Land zurückversetzt. Herr Sax beweist nun, daß es hier im Interesse der Fabrikanten selbst liegt, ihren Arbeitern zu erträglichen Wohnungen zu verhelfen, einerseits als gute Kapitalanlage, andrerseits weil die daraus unfehlbar „resultirende Hebung der Arbeiter ... eine Steigerung ihrer körperlichen und geistigen Arbeitskraft nach sich ziehen muß, was natürlich ... nicht minder ... dem Arbeitgeber zu Gute kommt. Damit ist aber auch der rechte Gesichtspunkt für die Betheiligung der letztern an der Wohnungsfrage gegeben: sie erscheint als Ausfluß der **latenten Assoziation**, der meist unter dem Gewande humanitärer Bestrebungen verborgenen Sorge der Arbeitgeber für das leibliche und wirthschaftliche, geistige und sittliche Wohl ihrer Arbeiter, welche sich durch ihre Erfolge, Heranziehung und Sicherung einer tüchtigen, geschickten, willigen, zufriedenen und **ergebenen** Arbeiterschaft von selbst pekuniär entlohnt." (S. 108.)

---

*) Und auch diese ist schließlich eine bloße Heimath der Arbeiter-Ausbeutung geworden. Siehe den Pariser „Socialiste", Jahrgang 1886.

Die Phrase der „latenten Assoziation", womit Huber dem bürgerlich-philanthropischen Gefasel einen „höheren Sinn" unterzuschieben versuchte, ändert an der Sache nichts. Auch ohne diese Phrase haben die großen ländlichen Fabrikanten, namentlich in England, längst eingesehn, daß die Anlage von Arbeiterwohnungen nicht nur eine Nothwendigkeit, ein Stück der Fabrikanlage selbst ist, sondern sich auch sehr gut rentirt. In England sind auf diese Weise ganze Dörfer entstanden, von denen manche sich später zu Städten entwickelt haben. Die Arbeiter aber, statt den menschenfreundlichen Kapitalisten dankbar zu sein, haben von jeher sehr bedeutende Einwendungen gegen dies „Cottagesystem" gemacht. Nicht nur daß sie Monopolpreise für die Häuser zahlen müssen, weil der Fabrikant keine Konkurrenten hat; sie sind bei jedem Strike sofort obdachlos, da der Fabrikant sie ohne Weiteres an die Luft setzt und badurch jeden Widerstand sehr erschwert. Das Nähere kann man in meiner „Lage der arbeitenden Klassen in England" S. 224 und 228 nachlesen. Aber Herr Sax meint, dergleichen „verdiene doch kaum eine Widerlegung." (S. 111.) Und will er nicht dem Arbeiter das Eigenthum an seinem Häuschen verschaffen? Allerdings, aber da „die Arbeitgeber in der Lage sein müßten, über die Wohnung stets zu verfügen, um, wenn sie einen Arbeiter entlassen, für den Ersatzmann Raum zu haben", so — nun ja, so müßte „durch Verabredung der Widerruflichkeit des Eigenthums für jene Fälle vorgesehen werden!" (S. 113.)*)

Diesmal sind wir unerwartet rasch heruntergekommen. Erst hieß es: Eigenthum des Arbeiters an seinem Häuschen; dann erfahren wir, daß das in den Städten unmöglich und nur auf dem Lande durchführbar; jetzt wird uns erklärt, daß dies Eigenthum auch auf dem Lande nur ein „durch Verabredung widerrufliches" sein soll! Mit dieser von Herrn Sax neu entdeckten Sorte von Eigenthum für die Arbeiter, mit dieser ihrer Verwandlung in „durch Verabredung widerrufliche" Kapitalisten, sind wir glücklich wieder auf ebener Erde angekommen und haben hier zu untersuchen, was die Kapitalisten und sonstigen Philanthropen zur Lösung der Wohnungsfrage **wirklich** gethan haben.

---

*) Auch hierin haben die englischen Kapitalisten längst alle Herzenswünsche des Herrn Sax nicht nur erfüllt, sondern weit übertroffen. Montag, den 14. Oktober 1872, hatte in Morpeth der Gerichtshof zur Feststellung der Parlaments Wählerlisten über den Antrag von 2000 Bergarbeitern auf Eintragung ihrer Namen in die Liste zu entscheiden. Es stellte sich heraus, daß der größte Theil dieser Leute nach dem Reglement der Grube, wo sie arbeiteten, **nicht als Miether** der von ihnen bewohnten Häuschen, sondern nur als darin **geduldet** anzusehn seien und ohne jede Kündigung jederzeit an die Luft gesetzt werden konnten. (Grubenbesitzer und Hauseigenthümer waren natürlich eine und dieselbe Person.) Der Richter entschied, daß diese Leute keine Miether, sondern **Knechte** seien und als solche zur Eintragung nicht berechtigt. („Daily News", 15. Oktober 1872.)

II.

Wenn wir unserm Dr. Sax glauben dürfen, so ist von Seiten der Herren Kapitalisten schon jetzt Bedeutendes zur Abhülfe der Wohnungsnoth geleistet und der Beweis geliefert worden, daß die Wohnungsfrage auf Grund der kapitalistischen Produktionsweise lösbar ist.

Vor allen Dingen führt uns Herr Sax an — das bonapartistische Frankreich! Louis Bonaparte ernannte bekanntlich zur Zeit der Pariser Weltausstellung eine Kommission, scheinbar um über die Lage der arbeitenden Klassen Frankreichs zu berichten, in der That, um zum größern Ruhm des Kaiserreichs diese Lage als eine wahrhaft paradiesische zu schildern. Und auf den Bericht dieser, aus den korruptesten Werkzeugen des Bonapartismus zusammengesetzten Kommission beruft sich Herr Sax, besonders auch weil die Resultate ihrer Arbeit „nach dem eigenen Ausspruch des damit betrauten Komites für Frankreich ziemlich vollständig" sind! Und was sind diese Resultate? Von 89 Großindustriellen, resp. Aktiengesellschaften, welche Auskunft ertheilten, haben 31 keine Arbeiterwohnungen errichtet; die errichteten Wohnungen beherbergen nach Sax's eigner Schätzung höchstens 50—60,000 Köpfe, und die Wohnungen bestehn fast ausschließlich nur aus zwei Zimmern für jede Familie!

Es ist selbstredend, daß jeder Kapitalist, den die Bedingungen seiner Industrie — Wasserkraft, Lage der Kohlengruben, Eisensteinlager und sonstigen Bergwerke u. s. w. — an eine bestimmte ländliche Lokalität fesseln, Wohnungen für seine Arbeiter bauen muß, wenn keine vorhanden sind. Darin einen Beweis der Existenz der „latenten Assoziation", „ein sprechendes Zeugniß für die Zunahme des Verständnisses der Sache und ihrer hohen Tragweite", einen „viel verheißenden Anfang" (S. 115) zu sehn, dazu gehört eine stark entwickelte Gewohnheit, sich selbst etwas aufzubinden. Uebrigens unterscheiden sich die Industriellen der verschiedenen Länder auch hierin nach ihrem jedesmaligen Nationalcharakter. Z. B. erzählt uns Herr Sax S. 117: „In England macht sich erst in neuester Zeit eine gesteigerte Thätigkeit der Arbeitgeber in dieser Richtung bemerkbar. Namentlich sind es die abgelegenen Weiler auf dem Lande ... der Umstand, daß die Arbeiter sonst häufig von der nächsten Ortschaft einen weiten Weg zur Fabrik zurückzulegen haben und schon erschöpft daselbst anlangend, ungenügende Arbeit leisten, ist es vorwiegend, welcher den Arbeitgebern den Beweggrund zum Baue von Wohnungen für ihre Arbeitskräfte abgibt. Indeß mehrt sich auch die Zahl derjenigen, welche, in tieferer Auffassung der Verhältnisse, mit der Wohnungsreform auch mehr oder weniger alle sonstigen Elemente der latenten Assoziation in Verbindung bringen, und diesen danken jene blühenden Kolonien ihr Entstehen.... Die Namen eines Ashton in Hyde, Ashworth in Turton, Grant in Bury, Greg in Bollington, Marshall in Leeds, Strutt in Belper, Salt in Saltaire, Acroyd in Copley u. A. sind im vereinigten Königreiche um dessentwillen wohl bekannt."

Heilige Einfalt und noch heiligere Unwissenheit! Erst in der „neuesten Zeit" haben die englischen ländlichen Fabrikanten Arbeiterwohnungen gebaut! Nein, lieber Herr Sax, die englischen Kapitalisten sind wirkliche

Großindustrielle, nicht nur dem Beutel, sondern auch dem Kopfe nach. Lange ehe man in Deutschland eine wirkliche große Industrie besaß, hatten sie eingesehn, daß bei ländlicher Fabrikation die Auslage für Arbeiterwohnungen ein nothwendiger, direkt und indirekt sehr rentabler Theil des Gesammt-Anlagekapitals ist. Lange ehe der Kampf zwischen Bismarck und den deutschen Bourgeois den deutschen Arbeitern die Koalitionsfreiheit schenkte, hatten die englischen Fabrikanten, Bergwerks- und Hüttenbesitzer praktisch erfahren, welchen Druck sie auf strikende Arbeiter ausüben können, wenn sie gleichzeitig die Miethsherren dieser Arbeiter sind. „Die blühenden Kolonien" eines Greg, eines Ashton, eines Ashworth, gehören so sehr der „neuesten Zeit" an, daß sie schon vor 40 Jahren von der Bourgeoisie als Muster ausposaunt wurden, wie ich das selbst schon vor 28 Jahren beschrieben (Lage der arbeitenden Klassen, Seite 228—30, Anmerkung). Etwa eben so alt sind die von Marshall und Akroyd (so schreibt sich der Mann) und noch viel älter, ins vorige Jahrhundert in ihren Anfängen zurückreichend, ist die von Strutt. Und da in England die durchschnittliche Dauer einer Arbeiterwohnung auf 40 Jahre angenommen wird, so kann Herr Sax sich selbst an den Fingern abzählen, in welchem verfallenen Zustand sich diese „blühenden Kolonien" jetzt befinden. Zudem liegt die Mehrzahl dieser Kolonien jetzt nicht mehr auf dem Lande; die kolossale Ausdehnung der Industrie hat die meisten von ihnen derart mit Fabriken und Häusern umgeben, daß sie mitten in schmutzigen und rauchigen Städten von 20 bis 30,000 und mehr Einwohnern liegen; was die durch Herrn Sax repräsentirte deutsche Bourgeoisiewissenschaft nicht verhindert, die alten englischen Lobgesänge von 1840, die gar nicht mehr anwendbar sind, noch heute getreulichst nachzubeten.

Und nun gar der alte Akroyd! Dieser brave Mann war allerdings ein Philanthrop vom reinsten Wasser. Er liebte seine Arbeiter und besonders seine Arbeiterinnen so sehr, daß seine weniger menschenfreundlichen Konkurrenten in Yorkshire von ihm zu sagen pflegten: er treibe seine Fabrik ausschließlich mit seinen eignen Kindern! Allerdings behauptet Herr Sax, daß in diesen blühenden Kolonien „uneheliche Geburten immer seltener werden" (Seite 118). Jawohl, uneheliche Geburten außer der Ehe; die hübschen Mädchen verheirathen sich in den englischen Fabrikdistrikten nämlich sehr jung.

In England ist die Anlage von Arbeiterwohnungen dicht neben jeder großen ländlichen Fabrik, und gleichzeitig mit der Fabrik, die Regel gewesen seit 60 Jahren und mehr. Wie schon erwähnt, sind viele solcher Fabrikdörfer der Kern geworden, um den sich später eine ganze Fabrikstadt angesetzt hat, mit allen den Uebelständen, die eine Fabrikstadt mit sich bringt. Diese Kolonien haben also die Wohnungsfrage nicht gelöst, sie haben sie in ihrer Lokalität erst geschaffen.

Dagegen in den Ländern, die England auf dem Gebiet der großen Industrie nur nachgehinkt sind, und die eigentlich erst seit 1848 kennen gelernt haben, was eine große Industrie ist, in Frankreich und besonders in Deutschland ist es ganz anders. Hier sind es nur kolossale Hüttenwerke und Fabriken, die sich nach langem Zaudern zum Bau einiger Arbeiterwohnungen entschließen — wie das Schneider'sche Werk im Creusot und das Krupp'sche in Essen. Die große Mehrzahl der ländlichen Industriellen läßt ihre Arbeiter in Hitze, Schnee und Regen meilenweit Morgens zur Fabrik und Abends wieder nach Hause traben. Dies ist besonders in gebirgigen Gegenden der Fall — in den französischen und elsasser Vogesen, wie an der Wupper, Sieg, Agger, Lenne und anderen rheinisch-westphälischen Flüssen. Im Erzgebirge wirds nicht besser sein. Es ist dieselbe kleinliche Knickerei bei Deutschen wie bei Franzosen.

Herr Sax weiß sehr gut, daß sowol der vielversprechende Anfang wie die blühenden Kolonien weniger als Nichts bedeuten. Er sucht also jetzt den Kapitalisten zu beweisen, welche prächtige Renten sie aus der Anlage von Arbeiterwohnungen ziehen können. Mit andern Worten, er sucht ihnen einen neuen Weg anzuzeigen, die Arbeiter zu prellen.

Zuerst hält er ihnen das Exempel einer Reihe von Londoner Baugesellschaften vor, welche, theils philanthropischer, theils spekulativer Natur, einen Reinertrag von 4 bis 6% und mehr erzielt haben. Daß Kapital, in Arbeiterwohnungen angelegt, sich gut rentirt, braucht uns Herr Sax nicht erst zu beweisen. Der Grund, weshalb nicht mehr darin angelegt wird als geschieht, ist der, daß theurere Wohnungen sich dem Eigenthümer noch besser rentiren. Herrn Sax's Mahnung an die Kapitalisten läuft also wieder auf bloße Moralpredigt hinaus.

Was nun diese Londoner Baugesellschaften angeht, deren glänzende Erfolge Herr Sax so laut ausposaunt, so haben sie laut seiner eignen Aufzählung — und darin ist jede beliebige Bauspekulation mit aufgeführt — im Ganzen Unterkommen für 2132 Familien und für 706 einzelne Männer hergestellt, also für unter 15000 Personen! Und dergleichen Kindereien wagt man in Deutschland ernsthaft als große Erfolge aufzuführen, während im Ostheil von London allein eine Million Arbeiter in den elendesten Wohnungszuständen leben? Diese sämmtlichen philanthropischen Bestrebungen sind in der That so erbärmlich nichtig, daß in den englischen Parlamentsberichten, die sich mit der Lage der Arbeiter befassen, ihrer nie auch nur Erwähnung gethan wird.

Von der lächerlichen Unkenntniß Londons, die sich in diesem ganzen Abschnitt breit macht, wollen wir hier gar nicht sprechen. Nur Eins. Herr Sax meint, das Logirhaus für einzelne Männer in Soho sei eingegangen, weil in dieser Gegend „auf zahlreiche Kundschaft nicht zu rechnen" war. Herr Sax stellt sich nämlich das ganze Westend von London als eine einzige Luxusstadt vor und weiß nicht, daß dicht hinter den elegantesten Straßen die schmutzigsten Arbeiterviertel liegen, von denen z. B. Soho eins ist. Das Musterlogirhaus in Soho, von dem er spricht und das ich schon vor 23 Jahren kannte, hatte anfangs Zuspruch die Menge, ging aber ein, weil kein Mensch es darin aushalten konnte. Und dabei war es noch eins der besten.

Aber die Arbeiterstadt von Mülhausen im Elsaß — das ist doch ein Erfolg?

Die Arbeiterstadt in Mülhausen ist das große Paradepferd der kontinentalen Bourgeois, grade wie die weiland blühenden Kolonien von Ashton, Ashworth, Greg und Konsorten das der englischen. Leider ist sie kein Produkt der „latenten" Assoziation, sondern der offenen Assoziation zwischen dem zweiten französischen Kaiserthum und den elsasser Kapitalisten. Sie war eins von Louis Bonapartes sozialistischen

Experimenten, zu dem der Staat ⅓ des Kapitals vorschoß. Sie hat in 14 Jahren (bis 1867) 800 kleine Häuschen nach einem mangelhaften, in England, wo man dies besser versteht, unmöglichen System gebaut, und überläßt diese den Arbeitern gegen monatliche Bezahlung eines erhöhten Miethbetrags nach 13 bis 15 Jahren als Eigenthum. Diese Art der Eigenthumserwerbung, in den englischen genossenschaftlichen Baugesellschaften, wie wir sehen werden, längst eingeführt, brauchte von den elsasser Bonapartisten nicht erst erfunden zu werden. Die Miethaufschläge für den Ankauf der Häuser sind im Verhältniß zu den englischen ziemlich stark; der Arbeiter erhält z. B., nachdem er 4500 Franken in fünfzehn Jahren nach und nach eingezahlt hat, ein Haus, das vor 15 Jahren 3300 Franken werth war. Falls der Arbeiter wegziehen will oder auch nur mit einer einzigen Monatszahlung im Rückstand bleibt (in welchem Fall er herausgesetzt werden kann), berechnet man ihm $6\frac{2}{3}\%$ des ursprünglichen Hauswerths als jährliche Miethe (z. B. 17 Franken monatlich bei 3000 Franken Hauswerth), und zahlt ihm den Rest heraus, aber **ohne einen Pfennig Zinsen**. Daß dabei die Gesellschaft, abgesehen von der „Staatshülfe", fett werden kann, begreift sich; ebenso wohl begreift sich, daß die unter diesen Umständen gelieferten Wohnungen, schon weil vor der Stadt, halb ländlich, angelegt, besser sind als die alten Kasernenwohnungen in der Stadt selbst.

Von den paar erbärmlichen Experimenten in Deutschland, deren Jämmerlichkeit selbst Herr Sax, Seite 157, anerkennt, sagen wir kein Wort.

Was beweisen nun alle diese Exempel? Einfach, daß die Anlage von Arbeiterwohnungen, selbst wenn nicht alle Gesetze der Gesundheitspflege mit Füßen getreten worden, sich kapitalistisch rentirt. Das aber ist nie bestritten werden, das wußten wir Alle längst. Jede Kapitalanlage, die ein Bedürfniß befriedigt, rentirt sich bei rationellem Betrieb. Die Frage ist grade: warum **trotzdem** die Wohnungsnoth fortbesteht, warum trotzdem die Kapitalisten nicht für hinreichende, gesunde Wohnungen für die Arbeiter sorgen? Und da hat Herr Sax eben wieder nur Ermahnungen an das Kapital zu richten, und bleibt uns die Antwort schuldig. Die wirkliche Antwort auf diese Frage haben wir oben schon gegeben.

Das Kapital, das ist jetzt endgültig festgestellt, **will** die Wohnungsnoth nicht abschaffen, selbst wenn es könnte. Bleiben nur zwei andere Auskunftsmittel: die Selbsthülfe der Arbeiter, und die Staatshülfe.

Herr Sax, ein begeisterter Verehrer der Selbsthülfe, weiß auch auf dem Gebiet der Wohnungsfrage Wunderdinge von ihr zu berichten. Leider muß er gleich im Anfang zugeben, daß sie nur da etwas leisten kann, wo das Cottagesystem entweder besteht oder doch durchführbar ist. Also wiederum nur auf dem Lande; in den großen Städten, auch in England nur in sehr beschränktem Maßstab. Dann, seufzt Herr Sax, „kann sich die Reform durch dieselbe (die Selbsthülfe) nur auf einem Umwege, daher stets nur unvollkommen vollziehen, nämlich nur insofern, als eben dem Prinzip des Eigenbesitzes eine auf die Qualität der Wohnung rückwirkende Kraft zukommt." Auch dies wäre in Zweifel zu ziehn; jedenfalls hat „das Prinzip des Eigenbesitzes" auf die „Qualität" des Styls unsres Verfassers keineswegs reformirend zurückgewirkt. Trotz alledem hat die Selbsthülfe in England solche Wunder gethan, „daß dadurch alles, was dort zur Lösung der Wohnungsfrage nach anderen Richtungen hin geschehen ist, **weit überholt** wird. Es sind dies die englischen „building societies", die Herr Sax auch besonders deswegen weitläufiger behandelt, weil „über ihr Wesen und Wirken im Allgemeinen sehr ungenügende oder irrige Vorstellungen verbreitet sind. Die englischen building societies sind keineswegs . . . . Baugesellschaften oder Baugenossenschaften, sie sind vielmehr . . . . im Deutschen etwa durch: „**Häusererwerbvereine**" zu bezeichnen; sie sind Vereine mit dem Zwecke, durch periodische Beiträge der Mitglieder einen Fond anzusammeln, und daraus, eben nach Maßgabe der Mittel, den Mitgliedern zum Ankauf eines Hauses Darlehen zu gewähren . . . . Die building society ist somit für den einen Theil ihrer Mitglieder ein Sparverein, für den andern Theil eine Vorschußkasse. — Die building societies sind also für die Bedürfnisse des Arbeiters berechnete Hypothekarkreditanstalten, welche hauptsächlich . . . . die Ersparnisse der Arbeiter . . . . den Standesgenossen der Einleger zum Ankauf oder Bau eines Hauses zuwenden. Wie vorauszusetzen, werden diese Darlehen gegen Verpfändung der betreffenden Realität und in der Weise konstituirt, daß die Tilgung derselben in kurzen Ratenzahlungen erfolgt, welche Verzinsung und Amortisation in sich vereinen . . . . Die Verzinsung wird den Einlegern nicht ausbezahlt, sondern stets **auf Zinseszins gutgeschrieben** . . . . Die Rückforderung der Einlagen sammt den angewachsenen Interessen . . . . kann gegen monatliche Kündigung jeden Augenblick erfolgen". (Seite 170—172.) „Es bestehen in England über 2000 solcher Vereine, ... das in ihnen angesammelte Kapital beläuft sich auf etwa 15,000,000 Pfund Sterling, und an 100,000 **Arbeiter**familien sind auf diesem Wege bereits zu dem Besitze eines eignen häuslichen Heerdes gelangt; eine soziale Errungenschaft, der sicherlich nicht bald eine andre an die Seite zu stellen." (Seite 174.)

Leider kommt auch hier das „Aber" dicht hinterdrein gehinkt: „Eine vollendete Lösung der Frage ist indeß damit noch **keineswegs erreicht**. Schon aus dem Grunde nicht, weil der Häusererwerb nur den **bessergestellten Arbeitern** . . . . offen steht . . . . Namentlich die sanitären Rücksichten sind oft nicht genügend beobachtet." (Seite 176.) Auf dem Kontinent finden „derartige Vereine . . . . nur ein geringes Terrain zur Entfaltung vor." Sie setzen das Cottagesystem voraus, das hier nur auf dem Lande besteht; auf dem Lande aber sind die Arbeiter zur Selbsthülfe noch nicht entwickelt genug. Andrerseits in den Städten, wo sich eigentliche Baugenossenschaften bilden könnten, stehn ihnen „sehr erhebliche und ernste Schwierigkeiten mannichfacher Art entgegen." (Seite 179.) Sie könnten eben nur Cottages bauen und das geht in den großen Städten nicht. Kurzum, „dieser Form der genossenschaftlichen Selbsthülfe" kann „nach den heutigen Verhältnissen — und auch kaum in naher Zukunft — die Hauptrolle in der Lösung der vorliegenden Frage wohl nicht zufallen." Diese Baugenossenschaften befinden sich nämlich noch „im Stadium der ersten, unentwickelten Anfänge." „Dies gilt selbst für England." (Seite 181.)

Also: die Kapitalisten **wollen** nicht und die Arbeiter **können** nicht. Und damit könnten wir diesen Abschnitt schließen, wenn es nicht unbedingt nöthig wäre, über die englischen building societies, die die Bourgeois von der Couleur Schulze-Delitzsch unsern Arbeitern stets als Muster vorhalten, einige Aufklärung zu geben.

Diese building societies sind weder Arbeitergesellschaften, noch ist ihr Hauptzweck, Arbeitern eigne Häuser zu verschaffen. Wir werden im Gegentheil sehn, daß dies nur sehr ausnahmsweise geschieht. Die building societies sind wesentlich spekulirender Natur, die kleinen, welche die ursprünglichen sind, nicht weniger als ihre großen Nachahmer. In einem Wirthshaus thun sich, auf Betrieb gewöhnlich des Wirths, bei dem dann die wöchentlichen Versammlungen stattfinden, eine Anzahl Stammgäste und deren Freunde, Krämer, Commis, Handlungsreisende, Kleinmeister und andres Kleinbürgerthum — hier und da auch ein Maschinenbauer oder sonstiger zur Aristokratie seiner Klasse gehöriger Arbeiter — zu einer Baugenossenschaft zusammen; die nächste Veranlassung ist gewöhnlich, daß der Wirth ein verhältnißmäßig wohlfeil zu habendes Grundstück in der Nachbarschaft oder sonst wo aufgespürt hat. Die meisten der Mitglieder sind durch ihre Beschäftigung nicht an eine bestimmte Gegend gebunden; selbst viele der Krämer und Handwerker haben in der Stadt nur ein Geschäftslokal, keine Wohnung; wer irgend kann, wohnt lieber draußen als mitten in der rauchigen Stadt. Die Baustelle wird gekauft, und die mögliche Anzahl von Cottages darauf errichtet. Der Kredit der Wohlhabenderen ermöglicht den Ankauf, die wöchentlichen Beiträge, nebst einigen kleinen Anleihen, decken die wöchentlichen Auslagen für den Bau. Diejenigen Mitglieder, die auf ein eignes Haus spekuliren, erhalten durchs Loos die fertig werdenden Cottages zugetheilt, und der entsprechende Miethaufschlag amortisirt den Kaufpreis. Die übrigbleibenden Cottages werden vermiethet oder verkauft. Die Baugesellschaft aber, wenn sie gute Geschäfte macht, sammelt ein kleineres oder größeres Vermögen an, das den Mitgliedern verbleibt, so lange sie ihre Beiträge zahlen und von Zeit zu Zeit, oder bei Auflösung der Gesellschaft vertheilt wird. Das ist der Lebenslauf von neun englischen Baugesellschaften aus zehn. Die übrigen sind größere, zuweilen unter politischen oder philanthropischen Vorwänden gebildete Gesellschaften, deren Hauptzweck aber schließlich immer der ist, den Ersparnissen des Kleinbürgerthums eine höhere hypothekarische Anlage mit guter Verzinsung und Aussicht auf Dividende vermittelst Spekulation in Grundeigenthum zu verschaffen.

Auf welche Sorte von Kunden diese Gesellschaften spekuliren, beweise der Prospekt einer der größten, wo nicht der größten unter ihnen. Die Birkbeck Building Society, 29 and 30, Southampton Buildings, Chancery Lane, London, deren Einnahmen seit ihrem Bestehn über $10^{1}/_{2}$ Millionen Pfund Sterling (70 Millionen Thaler) betragen, die über 416,000 Pfund in der Bank und in Staatspapieren angelegt hat, und gegenwärtig 21,441 Mitglieder und Depositäre zählt, kündigt sich dem Publikum folgendermaßen an:

„Die meisten Leute sind vertraut mit dem sogenannten Dreijahr-System der Pianofortefabrikanten, nach welchem Jeder, der ein Pianoforte auf drei Jahre miethet, nach Verlauf dieser Zeit der Eigenthümer desselben wird. Vor der Einführung dieses Systems war es für Leute von beschränktem Einkommen fast ebenso schwer, sich ein gutes Pianoforte, wie ein eignes Haus anzuschaffen; man zahlte jahraus jahrein für die Miethe des Pianofortes und gab zwei- oder dreimal soviel Geld aus als das Pianoforte werth war. Was aber bei einem Pianoforte thunlich ist, ist es auch bei einem Hause .... Da aber ein Haus mehr kostet als ein Pianoforte .... ist eine längere Zeit nöthig, um den Kaufpreis durch Miethe abzutragen. In Folge dessen haben die Direktoren mit Hauseigenthümern in verschiedenen Theilen von London und seinen Vorstädten Abmachungen getroffen, wodurch sie im Stande sind, den Mitgliedern der Birkbeck Building Society und andern eine große Auswahl von Häusern in den verschiedensten Stadttheilen anzubieten. Das System, wonach die Direktoren zu verfahren beabsichtigen, ist: die Häuser für 12½ Jahre zu vermiethen, nach Verlauf welcher Zeit, falls die Miethe regelmäßig bezahlt wird, das Haus das absolute Eigenthum des Miethers wird, ohne fernere Zahlung irgend welcher Art .... Der Miether kann auch für eine kürzere Anfallzeit bei höherer Miethe, oder für eine längere Anfallzeit bei niedrigerer Miethe akkordiren .... Leute von beschränktem Einkommen, Handlungs- und Ladengehülfen und andere können sich sofort von jedem Hausvermiether unabhängig machen, indem sie Mitglieder der Birkbeck Building Society werden."

Das spricht klar genug. Von Arbeitern keine Rede, wohl aber von Leuten mit beschränktem Einkommen, Laden- und Handlungsgehülfen ꝛc.; und noch dazu wird vorausgesetzt, daß die Applikanten in der Regel schon ein Pianoforte besitzen. In der That, es handelt sich hier gar nicht um Arbeiter, sondern um Kleinbürger und solche, die es werden wollen und können; Leute, deren Einkommen, wenn auch innerhalb gewisser Gränzen, in der Regel allmählig steigt, wie das der Handlungskommis und ähnlicher Erwerbszweige, während das des Arbeiters, im Betrage bestenfalls sich gleichbleibend, in Wirklichkeit fällt im Verhältniß der Zunahme seiner Familie und ihrer wachsenden Bedürfnisse. In der That, nur wenige Arbeiter können ausnahmsweise an solchen Gesellschaften Theil nehmen. Einerseits ist ihr Einkommen zu gering, andrerseits zu unsichrer Natur, als daß sie Verpflichtungen auf 12½ Jahre hinaus übernehmen könnten. Die wenigen Ausnahmen, für die dies nicht gilt, sind entweder die bestbezahlten Arbeiter, oder Fabrikaufseher*).

---

*) Hier noch ein kleiner Beitrag zum Geschäftsbetrieb speziell der Londoner Bauvereine. Bekanntlich gehört der Boden von fast ganz London ungefähr einem Dutzend Aristokraten, darunter die Vornehmsten die Herzöge von Westminster, von Bedford, von Portland u. s. w. Diese hatten die einzelnen Baustellen ursprünglich auf 99 Jahre verpachtet, und treten bei Ablauf dieser Zeit in den Besitz des Grundstücks mit allem was darauf steht. Sie vermiethen nun die Häuser auf kürzere Termine, 39 Jahre z. B., unter einer sogenannten repairing lease, kraft deren der Miether das Haus in baulichen Stand setzen und darin erhalten muß. Sobald der Kontrakt soweit abgemacht ist, schickt der Grundherr seinen Architekten und den Baupolizeibeamten (surveyor) des Distrikts, das Haus zu inspiziren und die nöthigen

Uebrigens sieht Jedermann, daß die Bonapartisten der Arbeiterstadt Mülhausen weiter Nichts sind als elende Nachäffer dieser kleinbürgerlichen englischen Baugesellschaften. Bloß daß jene, trotz der ihnen gewährten Staatshülfe, ihre Kunden weit mehr beschwindeln als die Baugesellschaften. Ihre Bedingungen sind im Ganzen weniger liberal als die durchschnittlich in England gültigen, und während in England von jeder Anzahlung stets Zins und Zinseszins berechnet und nach einmonatlicher Kündigung auch zurückbezahlt wird, stecken die Mülhauser Fabrikanten den Zins und Zinseszins in die Tasche und zahlen nur den in harten Fünffrankenthalern eingezahlten Betrag zurück. Und Niemand wird sich über diesen Unterschied mehr wundern als Herr Sax, der das Alles in seinem Buche stehen hat, ohne es zu wissen.

Mit der Selbsthülfe der Arbeiter ist es also auch nichts. Bleibt die Staatshülfe. Was kann uns Herr Sax in dieser Beziehung bieten? Dreierlei:

„Erstens, der Staat hat darauf bedacht zu sein, in seiner Gesetzgebung und Verwaltung Alles auszumerzen oder entsprechend zu bessern, was in irgend einer Weise die Beförderung der Wohnungsnoth der arbeitenden Klassen zur Folge hat." (Seite 187.)

Also: Revision der Baugesetzgebung und Freigebung der Baugewerbe, damit wohlfeiler gebaut werde. Aber in England ist die Baugesetzgebung auf ein Minimum beschränkt, die Baugewerbe sind frei wie der Vogel in der Luft, und doch existirt die Wohnungsnoth. Dabei wird jetzt in England so wohlfeil gebaut, daß die Häusern wackeln, wenn eine Karre vorbeifährt, und daß täglich welche einstürzen. Noch gestern, 25. Oktober 1872, sind in Manchester sechs auf ein Mal zusammengestürzt und haben sechs Arbeiter schwer verletzt. Hilft also auch nichts.

„Zweitens, die Staatsgewalt hat zu verhindern, daß der Einzelne in seinem beschränkten Individualismus das Uebel fortpflanze oder neu hervorrufe."

Also: Gesundheits- und baupolizeiliche Inspektion der Arbeiterwohnungen, Uebertragung der Befugniß an die Behörden, gesundheitsgefährliche und baufällige Wohnungen zu schließen, wie dies in England seit 1857 geschehn ist. Aber wie ist es dort geschehn? Das erste Gesetz von 1855 (Nuisances Removal Act) blieb, wie Herr Sax selbst zugibt, „ein todter Buchstabe", ebenso das zweite von 1858 (Local Government Act) (Seite 197). Dagegen glaubt Herr Sax, daß das dritte, der

---

Reparaturen festzustellen. Diese sind oft sehr umfassend, bis zur Erneuerungsfrage der ganzen Frontmauer, des Dachs ꝛc. Der Miether deponirt nun den Miethsvertrag als Sicherheit bei einem Bauverein und erhält von diesem das nöthige Geld — bis zu 1000 Pfd. St. und mehr bei jährlicher Miethe von 130—150 Pfd. — vorgeschossen für den auf seine Kosten zu vollführenden Bau. Diese Bauvereine sind also ein wichtiges Mittelglied geworden in einem System, das den Zweck hat, die den großen Grundaristokraten gehörigen Londoner Häuser mühelos und auf Kosten des Publikums immer wieder neu zu bauen und bewohnbar zu erhalten. Und das soll eine Lösung der Wohnungsfrage für die Arbeiter sein!

Artisans' Dwellings Act, der nur für Städte über 10,000 Einwohner gilt, „sicherlich ein günstiges Zeugniß ablegt von der hohen Einsicht des britischen Parlaments in sozialen Dingen" (Seite 199), während diese Behauptung wieder nur „ein günstiges Zeugniß ablegt von" der totalen Unbekanntschaft des Herrn Sax mit englischen „Dingen." Daß England überhaupt „in sozialen Dingen" dem Kontinent weit voraus ist, versteht sich von selbst; es ist das Mutterland der modernen großen Industrie, in ihm hat sich die kapitalistische Produktionsweise am freisten und am weitesten entwickelt, ihre Konsequenzen treten hier am grellsten an den Tag, und rufen daher auch zuerst eine Reaktion in der Gesetzgebung hervor. Der beste Beweis dafür die Fabrikgesetzgebung. Wenn aber Herr Sax glaubt, ein Parlamentsakt brauche nur Gesetzeskraft zu erhalten, um auch sogleich praktisch eingeführt zu werden, so irrt er sich gewaltig. Und dies gilt von keinem Parlamentsakt mehr (den Workshops' Act allenfalls ausgenommen) als grade von dem Local Government Act. Die Ausführung des Gesetzes wurde den städtischen Behörden übertragen, welche fast überall in England anerkannte Mittelpunkte von Korruption aller Art, Familienbegünstigung und Jobbery*) sind. Die Agenten dieser städtischen Behörden, ihre Stellen allerlei Familienrücksichten verdankend, sind entweder nicht fähig oder nicht gesinnt, derartige Sozialgesetze auszuführen, während grade in England die mit Vorbereitung und Ausführung der Sozialgesetzgebung beauftragten Staatsbeamten sich meist durch strenge Pflichterfüllung auszeichnen — wenn auch jetzt in geringerm Maß als vor zwanzig, dreißig Jahren. In den Stadträthen sind die Eigenthümer ungesunder und baufälliger Wohnungen fast überall direkt oder indirekt stark vertreten. Die Wahl der Stadträthe nach kleinen Bezirken macht die Gewählten von den kleinlichsten Lokalinteressen und Einflüssen abhängig; kein Stadtrath, der wieder gewählt werden will, darf wagen, für Anwendung dieses Gesetzes auf seinen Wahlbezirk zu stimmen. Man begreift also, mit welchem Widerwillen dies Gesetz fast überall von den Lokalbehörden aufgenommen wurde, und daß es bisher nur auf die allerskandalösesten Fälle — und auch da meist nur in Folge einer bereits ausgebrochenen Epidemie, wie voriges Jahr in Manchester und Salford bei der Pockenepidemie — Anwendung gefunden hat. Der Appel an den Minister des Innern hat bisher nur in derartigen Fällen seine Wirkung gehabt wie es dem das Prinzip jeder liberalen Regierung in England ist, soziale Reformgesetze nur nothgedrungen vorzuschlagen und die schon bestehenden, wenn irgend möglich, gar nicht auszuführen. Das fragliche Gesetz, wie manche andere in England, hat nur die Bedeutung, daß es in den Händen einer, von den Arbeitern beherrschten oder ge-

---

*) Jobbery heißt die Benutzung eines öffentlichen Amts zu Privatvortheilen für den Beamten oder seine Familie. Wenn z. B. der Chef der Staatstelegraphie eines Landes stiller Gesellschafter einer Papierfabrik wird, dieser Fabrik Holz aus seinen Forsten liefert, und dann ihr Papierlieferungen für die Telegraphenbureaux überträgt, so ist das ein zwar ziemlich kleiner, aber doch in sofern ganz hübscher job, als er ein vollkommenes Verständniß der Prinzipien der jobbery bekundet; wie dies übrigens bei Bismarck selbstverständlich und zu erwarten war.

drängten Regierung, die es endlich wirklich anwendet, eine mächtige Waffe sein wird, in den gegenwärtigen sozialen Zustand Bresche zu legen.

„Drittens" soll die Staatsgewalt nach Herrn Sax „alle ihr zu Gebote stehenden positiven Maßregeln zur Abhülfe der bestehenden Wohnungsnoth in umfassendstem Maße in Anwendung bringen."

Das heißt, sie soll Kasernen, „wahrhafte Musterbauten" für ihre „subalternen Beamten und Diener" errichten (aber das sind ja keine Arbeiter!) und „Gemeindevertretungen, Gesellschaften und auch Privaten, zum Zweck der Verbesserung der Wohnungen für die arbeitenden Klassen Darlehen .... gewähren" (Seite 203), wie dies in England laut dem Public Works Loan Act geschieht, und wie Louis Bonaparte in Paris und Mülhausen gethan hat. Aber der Public Works Loan Act besteht eben auch nur auf dem Papier, die Regierung stellt den Kommissären nur höchstens 50,000 Pfund Sterling zur Verfügung, also die Mittel zum Bau von höchstens 400 Cottages, also in 40 Jahren 16000 Cottages oder Wohnungen für höchstens 80000 Köpfe — ein Tropfen am Eimer! Selbst wenn wir annehmen, daß nach zwanzig Jahren die Mittel der Kommission sich durch Rückzahlung verdoppeln, also in den letzten 20 Jahren Wohnungen für fernere 40000 Köpfe hergestellt werden, so bleibt es immer nur ein Tropfen am Eimer. Und da die Cottages nur 40 Jahre durchschnittlich dauern, so müssen nach 40 Jahren jedes Jahr die flüssigen 50000 oder 100000 Pfund dazu verwandt werden, die verfallenen ältesten Cottages wieder zu ersetzen. Dies nennt Herr Sax, Seite 203: das Prinzip praktisch richtig und „auch in unbeschränktem Maß" durchführen! Und mit diesem Eingeständniß, daß der Staat, selbst in England, „in unbeschränktem Maß", so gut wie gar nichts geleistet hat, schließt Herr Sax sein Buch, nur noch eine erneute Moralpredigt an alle Betheiligten vom Stapel lassend.*)

Daß der heutige Staat der Wohnungsplage weder abhelfen kann noch will, ist sonnenklar. Der Staat ist nichts als die organisirte Gesammtmacht der besitzenden Klassen, der Grundbesitzer und Kapitalisten gegenüber den ausgebeuteten Klassen, den Bauern und Arbeitern. Was die einzelnen Kapitalisten (und diese kommen hier allein in Frage, da in dieser Sache auch der betheiligte Grundbesitzer zunächst in seiner Eigenschaft als Kapitalist auftritt) nicht wollen, das will auch ihr Staat nicht.

---

*) Neuerdings wird in den englischen Parlamentsakten, welche den Londoner Baubehörden das Recht der Expropriation behufs Neuanlage von Straßen ertheilen, einigermaßen Rücksicht genommen auf die so an die Luft gesetzten Arbeiter. Es wird die Bestimmung eingeschaltet, daß die neu zu errichtenden Gebäude zur Aufnahme der bisher an dieser Stelle wohnenden Bevölkerungsklassen geeignet sein müssen. Man baut also große fünf- bis sechsstöckige Miethskasernen für Arbeiter auf die geringwerthigsten Baustellen und genügt so dem Buchstaben des Gesetzes. Wie sich diese, den Arbeitern ganz ungewohnte und inmitten der alten Londoner Verhältnisse durchaus fremdartige Einrichtung bewähren wird, bleibt abzuwarten. Im besten Fall wird aber hier kaum ein Viertel der wirklich durch die Neuanlage vertriebnen Arbeiter untergebracht. (Anmerkung zur zweiten Auflage.)

Wenn also die **einzelnen** Kapitalisten die Wohnungsnoth zwar beklagen, aber kaum zu bewegen sind, ihre erschreckendsten Konsequenzen oberflächlich zu vertuschen, so wird der **Gesammtkapitalist**, der Staat, auch nicht viel mehr thun. Er wird höchstens dafür sorgen, daß der einmal üblich gewordene Grad oberflächlicher Vertuschung überall gleichmäßig durchgeführt wird. Und wir haben gesehen, daß dies der Fall ist.

Aber, kann man einwenden, in Deutschland herrschen die Bourgeois noch nicht, in Deutschland ist der Staat noch eine, in gewissem Grade unabhängig über der Gesellschaft schwebende Macht, die eben deßhalb die Gesammtinteressen der Gesellschaft repräsentirt und nicht die einer einzelnen Klasse. Ein **solcher** Staat kann allerdings Manches was ein Bourgeoisstaat nicht kann; von ihm darf man auch auf sozialem Gebiet ganz andere Dinge erwarten.

Das ist die Sprache der Reaktionäre. In Wirklichkeit aber ist auch in Deutschland der Staat, wie er besteht, das nothwendige Produkt der gesellschaftlichen Unterlage, aus der er herausgewachsen ist. In Preußen — und Preußen ist jetzt maßgebend — besteht neben einem immer noch starken, großgrundbesitzenden Adel eine verhältnißmäßig junge und namentlich sehr feige Bourgeoisie, die sich bisher weder die direkte politische Herrschaft, wie in Frankreich, noch die mehr oder weniger indirekte, wie in England, erkämpft hat. Neben beiden Klassen aber besteht ein sich rasch vermehrendes, intellektuell sehr entwickeltes und sich täglich mehr und mehr organisirendes Proletariat. Wir finden also hier neben der Grundbedingung der alten absoluten Monarchie: dem Gleichgewicht zwischen Grundadel und Bourgeoisie, die Grundbedingung des modernen Bonapartismus: das Gleichgewicht zwischen Bourgeoisie und Proletariat. Sowohl in der alten absoluten, wie in der modernen bonapartistischen Monarchie aber liegt die wirkliche Regierungsgewalt in den Händen einer besondern Offiziers- und Beamtenkaste, die sich in Preußen theils aus sich selbst, theils aus dem kleinen Majoratsadel, seltener aus dem großen Adel, zum geringsten Theil aus der Bourgeoisie ergänzt. Die Selbständigkeit dieser Kaste, die außerhalb und so zu sagen über der Gesellschaft zu stehen scheint, gibt dem Staat den Schein der Selbständigkeit gegenüber der Gesellschaft.

Die Staatsform, welche sich in Preußen (und nach seinem Vorgang in der neuen Reichsverfassung Deutschlands) aus diesen widerspruchsvollen gesellschaftlichen Zuständen mit nothwendiger Konsequenz entwickelt hat, ist der Scheinkonstitutionalismus; eine Form, die sowol die heutige Auflösungsform der alten absoluten Monarchie, wie die Existenzform der bonapartistischen Monarchie ist. In Preußen verdeckte und vermittelte der Scheinkonstitutionalismus von 1848 bis 1866 nur die langsame Verwesung der absoluten Monarchie. Seit 1866 und namentlich seit 1870 aber geht die Umwälzung der gesellschaftlichen Zustände, und damit die Auflösung des alten Staats vor Aller Augen und auf kolossal wachsender Stufenleiter vor sich. Die rasche Entwicklung der Industrie und namentlich des Börsenschwindels hat alle herrschenden Klassen in den Strudel der Spekulation hineingerissen. Die 1870 aus Frankreich importirte Korruption im Großen entwickelt sich mit unerhörter Schnelligkeit. Stroußberg und Pereire ziehen den Hut vor einander. Minister, Generale, Fürsten und Grafen machen in Aktien

Sozialdem. Bibliothek XIII.   4

trotz der geriebensten Börsenjuden, und der Staat erkennt ihre Gleichheit an, indem er die Börsenjuden massenweise baronisirt. Der Landadel, seit langem als Rübenzucker-Fabrikant und Brantweinbrenner industriell, hat die alten soliden Zeiten längst hinter sich, und schwellt mit seinen Namen die Listen der Direktoren aller soliden und unsoliden Aktiengesellschaften. Die Bureaukratie verachtet mehr und mehr den Kassendefekt als einziges Mittel der Gehaltsaufbesserung; sie läßt den Staat laufen und macht Jagd auf die weit einträglicheren Posten in der Verwaltung industrieller Unternehmungen; die noch im Amt bleiben, folgen dem Beispiel ihrer Vorgesetzten, spekuliren in Aktien, oder lassen sich bei Eisenbahnen u. s. w. „betheiligen." Man ist sogar berechtigt anzunehmen, daß auch die Lieutenants in mancher Spekulation ihr Händchen haben. Kurz, die Zersetzung aller Elemente des alten Staats, der Uebergang der absoluten Monarchie in die bonapartistische ist in vollem Gang, und mit der nächsten großen Handels- und Industriekrisis bricht nicht nur der gegenwärtige Schwindel, sondern auch der alte preußische Staat zusammen.*)

Und dieser Staat, dessen nichtbürgerliche Elemente sich täglich mehr verbürgern, soll „die soziale Frage" lösen oder auch nur die Wohnungsfrage? Im Gegentheil. In allen ökonomischen Fragen verfällt der preußische Staat mehr und mehr der Bourgeoisie; und wenn die Gesetzgebung seit 1866 auf ökonomischem Gebiet nicht noch mehr den Interessen der Bourgeoisie angepaßt worden ist, als dies geschehen, an wem liegt die Schuld? Hauptsächlich an der Bourgeoisie selbst, die erstens zu feig ist, um ihre Forderungen energisch zu vertreten, und die zweitens sich gegen jede Konzession sträubt, sobald diese Konzession gleichzeitig dem drohenden Proletariat neue Waffen in die Hand gibt. Und wenn die Staatsgewalt, d. h. Bismarck, sich ein eignes Leibproletariat zu organisiren versucht, um damit die politische Thätigkeit der Bourgeoisie im Zaume zu halten, was ist das anders, als ein nothwendiges und wohlbekanntes bonapartistisches Mittelchen, das gegenüber den Arbeitern zu Nichts verpflichtet, als zu einigen wohlwollenden Redensarten und höchstens zu einem Minimum von Staatshülfe bei Baugesellschaften à la Louis Bonaparte?

Der beste Beweis dafür, was die Arbeiter vom preußischen Staat zu erwarten haben, liegt in der Verwendung der französischen Milliarden, die der Selbständigkeit der preußischen Staatsmaschine, gegenüber der Gesellschaft, eine neue, kurze Galgenfrist gegeben. Ist auch nur ein Thaler dieser Milliarden verwandt worden, um die auf die Straße geworfenen Berliner Arbeiterfamilien unter Dach zu bringen? Im Gegentheil. Als der Herbst herangekommen, ließ der Staat selbst die paar elenden Baracken einreißen, die ihnen im Sommer als Nothdach gedient hatten. Die fünf Milliarden gehn flott genug den Weg alles

---

*) Was auch heute, 1886. noch den preußischen Staat und seine Grundlage, die in den Schutzzöllen besiegelte Allianz von Großgrundbesitz und industriellem Kapital zusammenhält, ist lediglich die Angst vor dem seit 1872 riesig an Zahl und Klassenbewußtsein gewachsenen Proletariat.

Fleisches, in Festungen, Kanonen und Soldaten; und trotz Wagner von Dummerwitz, trotz Stieberkonferenzen mit Oestreich, wird den deutschen Arbeitern von den Milliarden noch nicht soviel zugewandt werden, als Louis Bonaparte den französischen zuwandte von den Millionen, die er Frankreich gestohlen.

III.

In Wirklichkeit hat die Bourgeoisie nur Eine Methode, die Wohnungs= frage in i h r e r Art zu lösen — das heißt, sie so lösen, daß die Lösung die Frage immer wieder von Neuem erzeugt. Diese Methode heißt: „Haußmann."

Ich verstehe hier unter „Haußmann" nicht blos die spezifisch=bonapar= tistische Manier des Pariser Haußmann, lange, gerade und breite Straßen mitten durch die enggebauten Arbeiterviertel zu brechen, und sie mit großen Luxusgebäuden an beiden Seiten einzufassen, wobei neben dem strategischen Zweck der Erschwerung des Barrikadenkampfes noch die Heranbildung eines von der Regierung abhängigen, spezifisch=bonapar= tistischen Bauproletariats, und die Verwandlung der Stadt in eine reine Luxusstadt beabsichtigt war. Ich verstehe unter „Haußmann" die all= gemein gewordene Praxis des Breschelegens in die Arbeiterbezirke, be= sondern die zentral gelegenen unserer großen Städte, ob diese nun durch Rücksichten der öffentlichen Gesundheit und der Verschönerung, oder durch Nachfrage nach großen zentralgelegenen Geschäftslokalen, oder durch Verkehrsbedürfnisse, wie Eisenbahnanlagen, Straßen u. s. w., veranlaßt worden. Das Resultat ist überall dasselbe, mag der Anlaß noch so verschieden sein: die skandalösesten Gassen und Gäßchen verschwinden unter großer Selbstverherrlichung der Bourgeoisie von wegen dieses un= geheuren Erfolges, aber — sie erstehn anderswo sofort wieder, und oft in der unmittelbaren Nachbarschaft.

In der „Lage der arbeitenden Klasse in England" gab ich eine Schil= derung von Manchester wie es 1843 und 1844 aussah. Seitdem sind durch Eisenbahnen, die mitten durch die Stadt gehn, durch Anlegung neuer Straßen, durch Errichtung von großen öffentlichen und Privat= gebäuden, manche der schlimmsten, dort beschriebenen Distrikte durch= brochen, bloß gelegt und verbessert worden, andre ganz beseitigt; obwol noch viele — abgesehn von der seither schärfer gewordenen gesundheits= polizeilichen Aufsicht — in demselben oder gar in schlimmerem baulichen Zustand sich befinden als damals. Dafür aber sind, Dank der enormen Ausdehnung der Stadt, deren Bevölkerung seitdem um mehr als die Hälfte gewachsen, Bezirke die damals noch luftig und reinlich waren, jetzt ebenso verbaut, ebenso schmutzig und überfüllt mit Menschen, wie damals die verrufensten Stadttheile. Hier nur ein Beispiel. In meinem Buch schilderte ich Seite 80 und folgende eine in der Thalsohle des Flusses Medlock gelegene Häusergruppe, die unter dem Namen Klein= Irland (Little Ireland) schon seit Jahren den Schandfleck von Man= chester gebildet hatte. Klein Irland ist lange verschwunden; an seiner Stelle erhebt sich jetzt, auf hohem Unterbau, ein Bahnhof; die Bourgeoisie wies prunkend auf die glückliche, endgültige Beseitigung von Klein-Irland hin, wie auf einen großen Triumph. Nun erfolgt im verflossenen Sommer eine gewaltige Ueberschwemmung, wie denn überhaupt die eingedämmten Flüsse in unsern großen Städten aus leicht erklärlichen Ursachen von Jahr zu Jahr größere Ueberschwemmungen veranlassen. Da findet sich denn, daß Klein Irland keineswegs beseitigt, sondern bloß von der Südseite von Oxford Road nach der Nordseite verlegt ist, und noch immer florirt. Hören wir die Manchester „Weekly Times" vom 20. Juli 1872, das Organ der radikalen Bourgeois von Manchester:

„Das Unglück, das die Bewohner der Thalniederung des Medlock am vorigen Samstag überfiel, wird hoffentlich eine gute Folge haben: daß die öffentliche Aufmerksamkeit gelenkt wird auf die handgreifliche Verspottung aller Gesetze der Gesundheitspflege, die nun schon so lange vor der Nase der städtischen Beamten und des städtischen Gesundheits-Ausschusses dort geduldet worden. Ein derber Artikel in unserer gestrigen täglichen Ausgabe hat, nur noch zu schwach, den schmählichen Zustand einiger der Kellerwohnungen bei Charles Street und Brookstreet enthüllt, die von der Ueberschwemmung erreicht wurden. Eine genaue Untersuchung eines der in jenem Artikel genannten Höfe befähigt uns, alle dort gemachten Angaben zu bestätigen, und zu erklären, daß die Kellerwohnungen in diesem Hof längst hätten geschlossen werden sollen: richtiger, man hätte sie nie als menschliche Wohnungen dulden sollen. Squire's Court wird von sieben oder acht Wohnhäusern an der Ecke von Charles Street und Brookstreet gebildet, über die der Wanderer, selbst an der niedrigsten Stelle von Brookstreet, unter dem Eisenbahnbogen, Tag für Tag hinweggehen kann ohne zu ahnen, daß menschliche Wesen in der Tiefe unter ihm in Höhlen wohnen. Der Hof ist dem öffentlichen Blick verborgen, nur zugänglich Denen, die das Elend zwingt, in seiner grabähnlichen Abgeschlossenheit ein Unterkommen zu suchen. Selbst wenn die meist stockenden, zwischen Wehren eingedämmten Gewässer des Medlock ihren gewöhnlichen Stand nicht überschreiten, kann der Fußboden dieser Wohnungen nur einige Zoll über ihrem Spiegel sein: jeder tüchtige Regenschauer ist im Stande, ekelhaft fauliges Wasser aus den Versenklöchern oder Abzugsröhren in die Höhe zu treiben und die Wohnungen mit den Pestgasen zu vergiften, welches jedes Ueberschwemmungswasser zum Andenken hinterläßt ... Squire's Court liegt noch tiefer als die unbewohnten Keller der an Brookstreet stehenden Häuser ... zwanzig Fuß niedriger als die Straße, und das verpestete Wasser, das aus den Versenklöchern am Samstag emporgetrieben wurde, reichte bis an die Dächer. Wir wußten dies und erwarteten daher den Hof unbewohnt, oder nur von den Beamten des Gesundheits-Ausschusses besetzt zu finden, um die stinkenden Wände abzuwaschen und zu desinfiziren. Statt dessen sahen wir einen Mann, beschäftigt in der Kellerwohnung eines Barbiers ... einen Haufen faulenden Unraths, der in einer Ecke lag, auf eine Schubkarre zu schaufeln. Der Barbier, dessen Keller schon ziemlich ausgefegt war, schickte uns noch tiefer hinab, zu einer Reihe von Wohnungen, von denen er sagte: wenn er schreiben könnte, würde er an die Presse schreiben und auf ihrer Schließung bestehn. So kamen wir endlich nach Squires Court, wo wir eine hübsche, gesund aussehende Irländerin fanden, die alle Hände voll mit der Wäsche zu thun hatte. Sie und ihr Mann, ein Privat-Nachtwächter, hatten seit 6 Jahren in dem Hof gewohnt, sie hatten eine zahlreiche Familie... In dem Hause, das sie eben verlassen hatten, war die Fluth bis dicht ans Dach gestiegen, die Fenster waren zerbrochen, die Möbel ein Trümmerhaufen. Der Bewohner, sagte er, habe das Haus nur dadurch in erträglichem Geruchszustand halten können, daß er es alle zwei Monate mit Kalk weißte.... Im inneren Hof, wohin unser Berichterstatter jetzt erst vordrang, fand er drei Häuser, mit der Rückmauer an die eben beschriebenen angebaut, wovon zwei bewohnt waren. Der Gestank war dort so abscheulich, daß der gesundeste Mensch nach ein paar Minuten seekrank werden mußte.... Dies widerwärtige Loch war bewohnt von einer Familie von sieben Personen, die am Donnerstag Abend (dem Tag der ersten Ueberschwemmung) alle im Hause geschlafen hatten. Oder vielmehr, wie die Frau sich verbesserte, nicht geschlafen, denn sie und ihr Mann hatten von dem Gestank den größten Theil der Nacht durch sich erbrochen. Am Samstag mußten sie, bis an die Brust durchs Wasser watend, ihre Kinder hinaustragen. Sie war auch der Ansicht, das Loch sei für ein Schwein zu schlecht, aber wegen der wohlfeilen Miethe — 1½ Schilling (15 Groschen) die Woche — hätte sie es genommen, da ihr Mann wegen Krankheit die letzte Zeit oft verdienstlos gewesen. Der Eindruck, den dieser Hof und die in ihm, wie in ein verfrühtes Grab, eingepferchten Bewohner machen, ist der der äußersten Hülflosigkeit. Wir müssen übrigens sagen, daß nach gemachten Beobachtungen Squires Court nur ein Abbild — vielleicht ein übertriebenes — mancher andrer Lokalitäten jener Gegend ist, deren Existenz unser Gesundheitsausschuß nicht verantworten kann. Und wenn man gestattet, daß diese Lokalitäten fernerhin bewohnt werden, so ladet der Ausschuß eine Verantwortlichkeit, und die Nachbarschaft eine Gefahr ansteckender Epidemien auf sich, deren Gewicht wir nicht weiter untersuchen wollen."

Dies ist ein schlagendes Exempel, wie die Bourgeoisie die Wohnungsfrage in der Praxis löst. Die Brutstätten der Seuchen, die infamsten Höhlen und Löcher, worin die kapitalistische Produktionsweise unsre Arbeiter Nacht für Nacht einsperrt, sie werden nicht beseitigt, sie werden nur — verlegt! Dieselbe ökonomische Nothwendigkeit, die sie am ersten Ort erzeugte, erzeugt sie auch am zweiten. Und so lange die kapitalistische Produktionsweise besteht, so lange ist es Thorheit, die Wohnungsfrage oder irgend eine andre, das Geschick der Arbeiter betreffende gesellschaftliche Frage einzeln lösen zu wollen. Die Lösung liegt aber in der Abschaffung der kapitalistischen Produktionsweise, in der Aneignung aller Lebens- und Arbeitsmittel durch die Arbeiterklasse selbst.

Dritter Abschnitt.
Nachtrag über Proudhon und die Wohnungsfrage.

I.

In Nr. 86 des „Volksstaats" gibt sich A. Mülberger als Verfasser der von mir in Nr. 51 u. folg. d. Bl. kritisirten Artikel zu erkennen. Er überhäuft mich in seiner Antwort mit einer solchen Reihe von Vorwürfen und verrückt dabei so sehr alle Gesichtspunkte, um die es sich handelt, daß ich wohl oder übel darauf erwidern muß. Ich will versuchen, meiner Entgegnung, die sich zu meinem Bedauern großentheils auf dem von Mülberger mir vorgeschriebnen Gebiet der persönlichen Polemik bewegen muß, ein allgemeines Interesse dadurch zu geben, daß ich die Punkte, auf die es hauptsächlich ankommt, nochmals und womöglich deutlicher als vorher entwickle, selbst auf die Gefahr hin, von Mülberger abermals bedeutet zu werden, daß alles dies „im Wesentlichen nichts Neues, weder für ihn noch die sonstigen Leser des „Volksstaat", enthält."

Mülberger beklagt sich über Form und Inhalt meiner Kritik. Was die Form angeht, so genügt es zu erwidern, daß ich zu jener Zeit gar nicht wußte, von wem die betreffenden Artikel herrührten. Von einer persönlichen „Voreingenommenheit" gegen den Verfasser konnte also keine Rede sein; gegen die in den Artikeln entwickelte Lösung der Wohnungsfrage war ich allerdings insoweit „voreingenommen", als sie mir aus Proudhon längst bekannt war und meine Ansicht darüber feststand.

Ueber den „Ton" meiner Kritik will ich mit Freund Mülberger nicht streiten. Wenn man solange in der Bewegung gewesen wie ich, bekommt man eine ziemlich harte Haut gegen Angriffe und setzt eine solche daher auch leicht bei Andern voraus. Um Mülberger zu entschädigen, will ich diesmal versuchen, meinen „Ton" mit der Empfindlichkeit seiner Epidermis (Oberhaut) in ein richtiges Verhältniß zu bringen.

Mülberger beklagt sich besonders bitter darüber, daß ich ihn einen Proudhonisten genannt, und betheuert, er sei keiner. Ich muß ihm natürlich glauben, werde aber den Beweis führen, daß die betreffenden Artikel — und mit ihnen allein hatte ich zu thun — nichts enthalten als puren Proudhonismus.

Aber auch Proudhon kritisire ich, nach Mülberger, „leichtfertig" und thue ihm schweres Unrecht: „Die Lehre vom Kleinbürger Proudhon ist bei uns in Deutschland ein stehendes Dogma geworden, das sogar Viele verkünden, ohne auch nur eine Zeile von ihm gelesen zu haben" Wenn ich bedaure, daß die romanisch redenden Arbeiter seit zwanzig Jahren keine andre Geistesnahrung haben als die Werke Proudhon's, so antwortet Mülberger, daß bei den romanischen Arbeitern „die Prinzipien, wie sie von Proudhon formulirt sind, fast allenthalben die treibende Seele der Bewegung bilden." Dies muß ich abläugnen. Erstens liegt die „treibende Seele" der Arbeiterbewegung nirgendswo in den „Prinzipien", sondern überall in der Entwicklung der großen Industrie und deren Wirkungen, der Akkumulation und Konzentration des Kapitals auf der einen und des Proletariats auf der andern Seite. Zweitens ist es nicht richtig, daß die Proudhon'schen sogenannten „Prinzipien" bei den Romanen die entscheidende Rolle spielen, die Mülberger ihnen zuschreibt; daß „die Prinzipien der Anarchie, der Organisation des forces économiques, der liquidation sociale u. s. w. dort ... die wahrhaften Träger der revolutionären Bewegung geworden sind." Von Spanien und Italien gar nicht zu reden, wo die proudhonistischen Allerweltsheilmittel nur in der durch Bakunin weiter verballhornten Gestalt irgend welchen Einfluß gewonnen haben, ist es für Jeden, der die internationale Arbeiterbewegung kennt, notorische Thatsache, daß in Frankreich die Proudhonisten eine wenig zahlreiche Sekte bilden, während die Masse der Arbeiter von dem unter dem Titel Liquidation sociale und Organisation des forces économiques von Proudhon entworfnen gesellschaftlichen Reformplan nichts wissen will. Es hat sich das u. A. unter der Kommune gezeigt. Obwohl die Proudhonisten stark in ihr vertreten waren, wurde doch nicht der geringste Versuch gemacht, nach Proudhon's Vorschlägen die alte Gesellschaft zu liquidiren oder die ökonomischen Kräfte zu organisiren. Im Gegentheil. Es gereicht der Kommune zur höchsten Ehre, daß bei allen ihren ökonomischen Maßregeln nicht irgend welche Prinzipien ihre „treibende Seele" bildeten, sondern — das einfache praktische Bedürfniß. Und deshalb waren diese Maßregeln — die Abschaffung der Nachtarbeit der Bäcker, das Verbot der Geldstrafen in Fabriken, die Konfiskation stillgesetzter Fabriken und Werkstätten und ihre Ueberlassung an Arbeiter-Assoziationen — durchaus nicht im Geist Proudhon's, wohl aber in dem des deutschen wissenschaftlichen Sozialismus. Die einzige soziale Maßregel, die die Proudhonisten durchsetzten, war — die Bank von Frankreich nicht mit Beschlag zu legen, und zum Theil daran ging die Kommune zu Grunde. Ebenso haben die sogenannten Blanquisten, sobald sie den Versuch machten, sich aus blos politischen Revolutionären in eine sozialistische Arbeiterfraktion mit bestimmtem Programm zu verwandeln — wie dies in dem von den blanquistischen Flüchtlingen in London in ihrem Manifest: Internationale et Révolution geschehn ist — nicht die „Prinzipien" des Proudhon'schen Plans der Gesellschaftsrettung proklamirt, wohl aber, und zwar fast buchstäblich, die Anschauungen des deutschen wissenschaftlichen Sozialismus von der Nothwendigkeit der politischen Aktion des Proletariats und seiner Diktatur als Uebergang zur Abschaffung der Klassen und, mit ihnen, des Staats — wie solche bereits im kommunistischen Manifest und seitdem unzählige Male ausgesprochen worden. Und wenn Mülberger gar aus der Mißachtung Proudhon's bei den Deutschen einen Mangel an Verständniß der romanischen Bewegung „bis zur Kommune von Paris" herleitet, so möge er zum Beweis dieses Mangels diejenige romanische Schrift nennen, die die Kommune nur annähernd so richtig verstanden und dargestellt hat wie die Adresse des Generalraths der Internationalen über den Bürgerkrieg in Frankreich, geschrieben von dem Deutschen Marx.

Das einzige Land, wo die Arbeiterbewegung direkt unter dem Einfluß der Proudhon'schen „Prinzipien" steht, ist Belgien, und die belgische Bewegung kommt eben deswegen auch, wie Hegel sagt, „von nichts durch nichts zu nichts."

Wenn ich es für ein Unglück halte, daß die romanischen Arbeiter, direkt oder indirekt, seit zwanzig Jahren geistig nur von Proudhon zehrten, so finde ich dies nicht in der durchaus mythischen Herrschaft des Proudhon'schen Reformrezepts — was Mülberger die „Prinzipien" nennt —, sondern darin, daß ihre ökonomische Kritik der bestehenden Gesellschaft von den durchaus falschen Proudhon'schen Wendungen infizirt und ihre politische Aktion durch proudhonistischen Einfluß verhunzt wurde. Ob danach die „verproudhonisirten romanischen Arbeiter" oder die deutschen, die jedenfalls den wissenschaftlichen deutschen Sozialismus unendlich besser begreifen als die Romanen ihren Proudhon, „mehr in der Revolution stehn", werden wir beantworten können, wenn wir erst wissen, was das heißt: „in der Revolution stehn." Man hat reden gehört von Leuten, die „im Christenthum, im wahren Glauben, in der Gnade Gottes stehn" u. s. w. Aber in der Revolution, in der gewaltsamsten Bewegung „stehn"? Ist denn „die Revolution" eine dogmatische Religion, an die man glauben muß?

Ferner wirft mir Mülberger vor, ich habe, gegen die ausdrücklichen Worte seiner Arbeit, behauptet, er erkläre die Wohnungsfrage für eine ausschließliche Arbeiterfrage.

Diesmal hat Mülberger in der That Recht. Ich hatte die betreffende Stelle übersehn. Unverantwortlicherweise übersehn, denn sie ist eine der bezeichnendsten für die ganze Tendenz seiner Abhandlung. Mülberger sagt wirklich mit dürren Worten:

„Da uns so oft und viel der lächerliche Vorwurf gemacht wird, wir treiben Klassenpolitik, wir streben eine Klassenherrschaft an u. dgl. mehr, so betonen wir zunächst und ausdrücklich, daß die Wohnungsfrage keineswegs ausschließlich das Proletariat betrifft, sondern im Gegentheil — sie interessirt in ganz hervorragender Weise den eigentlichen Mittelstand, das Kleingewerbe, die kleine Bourgeoisie, die gesammte Büreaukratie.... die Wohnungsfrage ist gerade derjenige Punkt der sozialen Reformen, welche mehr als alle andern geeignet erscheint, die absolute innere Identität der Interessen des Proletariats einerseits und der eigentlichen Mittelklassen der Gesellschaft andrerseits aufzudecken. Die Mittelklassen leiden ebenso stark, vielleicht noch stärker unter der drückenden Fessel der Miethwohnung als das Proletariat. ... Die eigentlichen Mittelklassen der Gesellschaft stehen heute vor der Frage, ob sie ... die Kraft finden werden ... im Bunde mit der jugendkräftigen und energievollen Arbeiterpartei in den Umgestaltungsprozeß der Gesellschaft einzugreifen, **dessen Segnungen gerade ihnen vor allen zugute kommen werden.**"

Freund Mülberger konstatirt hier also Folgendes:

1) „Wir" treiben keine „Klassenpolitik" und streben nach keiner „Klassenherrschaft". Die deutsche sozialdemokratische Arbeiterpartei, eben *weil sie eine Arbeiterpartei ist,* treibt indeß nothwendigerweise „Klassenpolitik", die Politik der Arbeiterklasse. Da jede politische Partei darauf ausgeht, die Herrschaft im Staat zu erobern, so strebt die deutsche sozialdemokratische Arbeiterpartei nothwendig ihre Herrschaft, die Herrschaft der Arbeiterklasse, also eine „Klassenherrschaft" an. Uebrigens hat jede wirkliche proletarische Partei, von den englischen Chartisten an, immer die Klassenpolitik, die Organisation des Proletariats als selbstständige politische Partei, als erste Bedingung, und die Diktatur des Proletariats als nächstes Ziel des Kampfes hingestellt. Indem Mülberger dies für „lächerlich" erklärt, stellt er sich außerhalb der proletarischen Bewegung und innerhalb des kleinbürgerlichen Sozialismus.

2) Die Wohnungsfrage hat den Vorzug, daß sie keine ausschließliche Arbeiterfrage ist, sondern das Kleinbürgerthum „in ganz hervorragender Weise interessirt", indem die „eigentlichen Mittelklassen ebenso stark, vielleicht noch stärker" unter ihr leiden als das Proletariat. Wenn Jemand erklärt, das Kleinbürgerthum leide, auch nur in einer einzigen Beziehung, „vielleicht noch stärker als das Proletariat", so wird er sich sicher nicht beklagen können, wenn man ihn unter die kleinbürgerlichen Sozialisten rechnet. Hat Mülberger also Grund zur Unzufriedenheit, wenn ich sage:

„Es sind vorzugsweise diese der Arbeiterklasse mit andern Klassen, namentlich dem Kleinbürgerthum, gemeinsamen Leiden, mit denen sich der kleinbürgerliche Sozialismus, zu dem auch Proudhon gehört, mit Vorliebe beschäftigt. Und so ist es durchaus nicht zufällig, daß unser deutscher Proudhonist sich vor Allem der Wohnungsfrage, die, wie wir gesehen haben, keineswegs eine ausschließliche Arbeiterfrage ist, bemächtigt."

3) Zwischen den Interessen der „eigentlichen Mittelklassen der Gesellschaft" und denen des Proletariats, besteht „absolute innere Identität", und es ist nicht das Proletariat, sondern diese eigentlichen Mittelklassen, denen die „Segnungen" des bevorstehenden Umgestaltungsprozesses der Gesellschaft „gerade vor allen zugute kommen werden."

Die Arbeiter werden also die bevorstehende soziale Revolution „gerade vor allen" im Interesse der Kleinbürger machen. Und ferner besteht eine absolute innere Identität der Interessen der Kleinbürger mit denen des Proletariats. Sind die Interessen der Kleinbürger mit denen der Arbeiter innerlich identisch, so die der Arbeiter mit denen der Kleinbürger. Der kleinbürgerliche Standpunkt ist also in der Bewegung ebenso berechtigt wie der proletarische. Und die Behauptung dieser Gleichberechtigung ist eben, was man kleinbürgerlichen Sozialismus nennt.

Es ist daher auch ganz konsequent, wenn Mülberger S. 25 des Separatabdrucks das „Kleingewerbe" als den „eigentlichen Strebepfeiler der Gesellschaft" feiert, „weil es seiner eigentlichen Anlage nach die drei Faktoren: Arbeit — Erwerb — Besitz in sich vereinigt, weil es in der Vereinigung dieser drei Faktoren der Entwicklungsfähigkeit des Individuums keinerlei Schranke gegenüberstellt;" und wenn er der modernen Industrie namentlich vorwirft, daß sie diese Pflanzschule von Normalmenschen vernichtet und „aus einer lebenskräftigen, sich immer wieder neu erzeugenden Klasse einen bewußtlosen Haufen Menschen gemacht hat, der nicht weiß, wohin er seinen angstvollen Blick wenden soll." Der Kleinbürger ist also Mülberger's Mustermensch und das Kleingewerbe Mülberger's Muster-Produktionsweise. Habe ich ihn also verlästert, wenn ich ihn unter die kleinbürgerlichen Sozialisten verwies?

Da Mülberger jede Verantwortlichkeit für Proudhon ablehnt, so wäre es überflüssig, hier weiter zu erörtern, wie Proudhon's Reformpläne dahin abzielen, alle Glieder der Gesellschaft in Kleinbürger und Kleinbauern zu verwandeln. Ebensowenig wird es nöthig sein, auf die angebliche Identität der Interessen der Kleinbürger mit denen der Arbeiter einzugehn. Das Nöthige findet sich bereits im kommunistischen Manifest (Leipziger Ausgabe 1872, S. 12 u. 21).

Das Resultat unsrer Untersuchung ist also das, daß neben die „Sage vom Kleinbürger Proudhon" die Wirklichkeit vom Kleinbürger Mülberger tritt. —

II.

Wir kommen jetzt auf einen Hauptpunkt. Ich warf den Mülberger'schen Artikeln vor, daß sie nach Proudhon'scher Manier ökonomische Verhältnisse verfälschen durch Uebersetzung in juristische Ausdrucksweise. Als Beispiel dafür hob ich folgenden Mülberger'schen Satz heraus:

„Das einmal gebaute Haus dient als ewiger Rechtstitel auf einen bestimmten Bruchtheil der gesellschaftlichen Arbeit, wenn auch der wirkliche Werth des Hauses längst schon mehr als genügend in der Form des Miethzinses an den Besitzer gezahlt wurde. So kommt es, daß ein Haus, welches z. B. vor fünfzig Jahren gebaut wurde, während dieser Zeit in dem Ertrag seines Miethzinses zwei-, drei-, fünf-, zehnmal u. s. w. den ursprüglichen Kostenpreis deckte."

Mülberger beschwert sich nun:

„Diese einfache, nüchterne Konstatirung einer Thatsache veranlaßt Engels, mir zu Gemüthe zu führen, daß ich hätte erklären sollen, wie das Haus „Rechtstitel" wird — eine Sache, die ganz außerhalb des Bereichs meiner Aufgabe lag. . . . Ein anderes ist eine Schilderung, ein anderes eine Erklärung. Wenn ich nach Proudhon sage, das ökonomische Leben der Gesellschaft solle von einer Rechtsidee durchdrungen sein, so schildere ich hiermit die heutige Gesellschaft als eine solche, in der zwar nicht jede Rechtsidee, aber die Rechtsidee der Revolution fehlt, eine Thatsache, die Engels selbst zugeben wird."

Bleiben wir zunächst bei dem einmal gebauten Hause. Das Haus, wenn vermiethet, bringt seinem Erbauer Grundrente, Reparaturkosten und Zins auf sein ausgelegtes Baukapital einschließlich des darauf gemachten Profits in der Gestalt von Miethe ein, und je nach den Verhältnissen kann der nach und nach gezahlte Miethbetrag zwei-, drei-, fünf-, zehnmal den ursprünglichen Kostenpreis ausmachen. Dies, Freund Mülberger, ist die „einfache, nüchterne Konstatirung" der „Thatsache", die eine ökonomische ist; und wenn wir wissen wollen, wieso „es so kommt", daß sie existirt, so müssen wir die Untersuchung auf ökonomischem Gebiet führen. Sehen wir uns also die Thatsache etwas näher an, damit kein Kind sie weiter mißverstehen könne. Der Verkauf einer Waare besteht bekanntlich darin, daß der Besitzer ihren Gebrauchswerth weggibt und ihren Tauschwerth einsteckt. Die Gebrauchswerthe der Waaren unterscheiden sich unter Anderem auch darin, daß ihre Konsumtion verschiedene Zeiträume erfordert. Ein Laib Brot wird in einem Tage verzehrt, ein Paar Hosen in einem Jahr verschlissen, ein Haus meinetwegen in hundert Jahren. Bei Waaren von langer Verschleißdauer tritt also die Möglichkeit ein, den Gebrauchswerth stückweise, jedesmal auf bestimmte Zeit, zu verkaufen, d. h. ihn zu vermiethen. Der stückweise Verkauf realisirt also den Tauschwerth nur nach und nach; für diesen Verzicht auf sofortige Rückzahlung des vorgeschossenen Kapitals und des darauf erworbenen Profits wird der Verkäufer entschädigt durch einen Preisaufschlag, eine Verzinsung, deren Höhe durch die Gesetze der politischen Oekonomie, durchaus nicht willkürlich, bestimmt wird. Am Ende der hundert Jahre ist das Haus aufgebraucht, verschlissen, unbewohnbar geworden. Wenn wir dann von dem gezahlten Gesammt-Miethbetrag abziehen: 1) die Grundrente nebst der etwaigen Steigerung, die sie während der Zeit erfahren, und 2) die ausgelegten laufenden Reparaturkosten, so werden wir finden, daß der Rest im Durchschnitt sich zusammensetzt: 1) aus dem ursprünglichen Baukapital des Hauses, 2) aus dem Profit darauf, und 3) aus der Verzinsung des nach und nach fällig gewordenen Kapitals und Profits. Nun hat zwar am Ende dieses Zeitraums der Miether kein Haus, aber der Hausbesitzer auch nicht. Dieser hat nur das Grundstück (wenn es ihm nämlich gehört) und die darauf befindlichen Baumaterialien, die aber kein Haus mehr sind. Und wenn das Haus inzwischen „fünf- oder zehnmal den ursprünglichen Kostenpreis deckte", so werden wir sehn, daß dies lediglich einem Aufschlag der Grundrente geschuldet ist; wie dies Niemanden ein Geheimniß ist an Orten wie London, wo Grundbesitzer und Hausbesitzer meist zwei verschiedene Personen sind. Solche kolossale Miethsaufschläge kommen vor in rasch wachsenden Städten, aber nicht in einem Ackerdorf, wo die Grundrente für Bauplätze fast unverändert bleibt. Es ist ja notorische Thatsache, daß, abgesehn von Steigerungen der Grundrente, die Hausmiethe dem Hausbesitzer durchschnittlich nicht über 7 pCt. des angelegten Kapitals (incl. Profits) jährlich einbringt, woraus dann noch Reparaturkosten 2c. zu bestreiten sind. Kurz, der Miethvertrag ist ein ganz gewöhnliches Waarengeschäft, das für den Arbeiter theoretisch nicht mehr und nicht minder Interesse hat als jedes andere Waarengeschäft, ausgenommen das, worin es sich um den Kauf und Verkauf der Arbeitskraft handelt, während er ihm praktisch als eine der tausend

Formen der bürgerlichen Prellerei gegenübertritt, von denen ich Seite 4 des Separatabdrucks spreche, die aber auch, wie ich dort nachgewiesen, einer ökonomischen Regelung unterworfen sind.

Mülberger dagegen sieht im Miethvertrag Nichts als reine „Willkür" (S. 19 des Separatabdrucks), und wenn ich ihm das Gegentheil beweise, so beklagt er sich, ich sage ihm „lauter Dinge, die er leider schon selbst gewußt."

Mit allen ökonomischen Untersuchungen über die Hausmiethe kommen wir aber nicht dahin, die Abschaffung der Miethwohnung zu verwandeln in „eine der fruchtbarsten und großartigsten Bestrebungen, welche dem Schooß der revolutionären Idee entstammt". Um dies fertig zu bringen, müssen wir die einfache Thatsache aus der nüchternen Oekonomie in die schon viel ideologischere Juristerei übersetzen. „Das Haus dient als ewiger Rechtstitel" auf Hausmiethe — „so kommt es," daß der Werth des Hauses in Hausmiethe zwei-, drei-, fünf-, zehnmal gezahlt werden kann. Um zu erfahren, wie das „so kommt", hilft uns der „Rechtstitel" keinen Zoll vom Fleck; und deswegen sagte ich, Mülberger hätte erst durch Untersuchung, wie das Haus Rechtstitel wird, erfahren können, wie das „so kommt". Dies erfahren wir erst, wenn wir, wie ich that, die ökonomische Natur der Hausmiethe untersuchen, statt uns über den juristischen Ausdruck, unter welchem die herrschende Klasse sie sanktionirt, zu erbosen. — Wer ökonomische Schritte zur Abschaffung der Hausmiethe vorschlägt, der ist doch wohl verpflichtet, etwas mehr von der Hausmiethe zu wissen, als daß sie „den Tribut darstellt, den der Miether dem ewigen Rechte des Kapitals bezahlt". Darauf antwortet Mülberger: „Ein anderes ist eine Schilderung, ein anderes eine Erklärung."

Wir haben also das Haus, obwohl es keineswegs ewig ist, in einen ewigen Rechtstittel auf Hausmiethe verwandelt. Wir finden, einerlei wie das „so kommt", daß kraft dieses Rechtstitels das Haus seinen Werth in der Gestalt von Hausmiethe mehrfach einbringt. Wir sind, durch die Uebersetzung ins Juristische, glücklich soweit von der Oekonomie entfernt, daß wir nur noch die Erscheinung sehen, daß ein Haus sich in Brutto Miethe allmälig mehrfach bezahlt machen kann. Da wir juristisch denken und sprechen, so legen wir an diese Erscheinung den Maßstab des Rechts, der Gerechtigkeit und finden, daß sie ungerecht ist, daß sie der „Rechtsidee der Revolution", was das auch immer für ein Ding sein mag, nicht entspricht und daß der Rechtstitel daher nichts taugt. Wir finden ferner, daß dasselbe vom zinstragenden Kapital und vom verpachteten Ackerland gilt, und haben nun den Vorwand, diese Klassen von Eigenthum von den andern auszuscheiden und sie einer ausnahmsweisen Behandlung zu unterwerfen. Diese besteht in der Forderung: 1) dem Eigenthümer das Kündigungsrecht, das Recht auf Rückforderung seines Eigenthums, zu nehmen; 2) dem Miether, Borger oder Pächter den Nießbrauch des ihm übertragenen, aber ihm nicht gehörigen Gegenstandes unentgeltlich zu überlassen, und 3) den Eigenthümer in längeren Raten ohne Verzinsung abzuzahlen. Und damit haben wir die Proudhon'schen „Prinzipien" nach dieser Seite hin erschöpft. Es ist dies Proudhon's „gesellschaftliche iquidation".

Beiläufig bemerkt. Daß dieser ganze Reformplan fast ausschließlich ben Kleinbürgern und Kleinbauern in der Weise zu Gute kommen soll, daß er sie in ihrer Stellung als Kleinbürger und Kleinbauern befestigt, liegt auf der Hand. Die nach Mülberger sagenhafte Gestalt des „Kleinbürgers Proudhon" erhält hier also plötzlich eine sehr handgreifliche historische Existenz.

Mülberger fährt fort: „Wenn ich nach Proudhon sage, das ökonomische Leben der Gesellschaft solle von einer R e c h t s i d e e durchdrungen sein, so s c h i l d e r e ich hiermit die heutige Gesellschaft als eine solche, in der zwar nicht jede Rechtsidee, aber die Rechtsidee der Revolution fehlt, eine Thatsache, die selbst Engels zugeben wird." Leider bin ich außer Stande, Mülberger diesen Gefallen zu thun. Mülberger verlangt, die Gesellschaft s o l l e von einer Rechtsidee durchdrungen sein, und nennt das eine Schilderung. Wenn mir ein Gerichtshof eine Aufforderung durch Gerichtsvollzieher zukommen läßt, eine Schuld zu bezahlen, so thut er, nach Mülberger, weiter nichts, als daß er mich als einen Menschen s c h i l d e r t, der seine Schulden nicht bezahlt! Ein anderes ist eine Schilderung, ein anderes eine Zumuthung. Und gerade hier liegt der wesentliche Unterschied des deutschen wissenschaftlichen Sozialismus von Proudhon. Wir schildern — und jede wirkliche Schilderung ist, trotz Mülberger, zugleich die Erklärung der Sache — die ökonomischen Verhältnisse, wie sie sind und wie sie sich entwickeln, und führen, strikt ökonomisch, den Beweis, daß diese ihre Entwicklung zugleich die Entwicklung der Elemente einer sozialen Revolution ist: die Entwicklung — einerseits, einer Klasse, deren Lebenslage sie nothwendig zur sozialen Revolution treibt, des Proletariats — anderseits, von Produktivkräften, die, dem Rahmen der kapitalistischen Gesellschaft entwachsen, ihn nothwendig sprengen müssen, und die gleichzeitig die Mittel bieten, die Klassenunterschiede ein für allemal im Interesse des gesellschaftlichen Fortschritts selbst zu beseitigen. Proudhon dagegen stellt an die heutige Gesellschaft die Forderung, sich nicht nach den Gesetzen ihrer eignen ökonomischen Entwicklung, sondern nach den Vorschriften der Gerechtigkeit (die „Rechtsidee" gehört nicht ihm, sondern Mülberger) umzugestalten. Wo wir beweisen, p r e d i g t und lamentirt Proudhon, und mit ihm Mülberger.

Was „die Rechtsidee der Revolution" für ein Ding ist, kann ich absolut nicht errathen. Proudhon allerdings macht sich aus „der Revolution" eine Art Göttin, die Trägerin und Vollstreckerin seiner „Gerechtigkeit"; wobei er dann in den sonderbaren Irrthum verfällt, die bürgerliche Revolution von 1789—94 und die künftige proletarische Revolution durcheinander zu werfen. Dies thut er in fast allen seinen Werken, besonders seit 1848; als Beispiel führe ich nur an: Idée générale de la Révolution, ed. 1868, p. 39 & 40. Da aber Mülberger alle und jede Verantwortlichkeit für Proudhon ablehnt, so bleibt mir verboten, „die Rechtsidee der Revolution" aus Proudhon zu erklären, und ich verharre in egyptischer Finsterniß.

Weiter sagt Mülberger:

„Aber weder Proudhon noch ich appelliren an eine „„ewige Gerechtigkeit"", um dadurch die bestehenden ungerechten Zustände zu e r k l ä r e n oder gar, wie dies Engels mir imponirt, die Besserung dieser Zustände von dem Appe an diese Gerechtigkeit zu erwarten."

Mülberger muß darauf bauen, daß „Proudhon überhaupt in Deutschland so gut wie gar nicht gekannt" ist. In allen seinen Schriften mißt Proudhon alle gesellschaftlichen, rechtlichen, politischen, religiösen Sätze an dem Maßstab der „Gerechtigkeit", verwirft sie oder erkennt sie an, je nachdem sie stimmen oder nicht stimmen mit dem, was er „Gerechtigkeit" nennt. In den Contradictions économiques heißt diese Gerechtigkeit noch „ewige Gerechtigkeit", justice éternelle. Später wird die Ewigkeit verschwiegen, bleibt aber der Sache nach. Z. B. in: De la Justice dans la Révolution et dans l'Eglise, Ausgabe 1858, ist folgende Stelle der Text der ganzen dreibändigen Predigt (Band I, Seite 42):

„Welches ist das Grundprinzip, das organische, regelnde, souveraine Prinzip der Gesellschaften, das Prinzip, welches, sich allen andern unterordnend, regiert, schützt, zurückdrängt, züchtigt im Nothfalle selbst unterdrückt alle rebellischen Elemente? Ist es die Religion, das Ideal, das Intresse? ... Dies Prinzip, nach meiner Ansicht, ist die Gerechtigkeit. — Was ist die Gerechtigkeit? Das Wesen der Menschheit selbst. Was ist sie gewesen seit dem Anfang der Welt? Nichts. — Was sollte sie sein? Alles."

Eine Gerechtigkeit, die das Wesen der Menschheit selbst ist, was ist das anders als die ewige Gerechtigkeit? Eine Gerechtigkeit, die das organische, regelnde, souveraine Grundprinzip der Gesellschaften, die bisher trotzdem Nichts gewesen ist, die aber Alles sein soll — was ist sie anders als der Maßstab, an dem alle menschlichen Dinge zu messen, an die in jedem Kollisionsfall als entscheidende Richterin zu appelliren ist? Und habe ich etwas Anderes behauptet, als daß Proudhon seine ökonomische Unwissenheit und Hülflosigkeit damit verdeckt, daß er alle ökonomischen Verhältnisse nicht nach den ökonomischen Gesetzen, sondern darnach beurtheilt, ob sie mit seiner Vorstellung von dieser ewigen Gerechtigkeit stimmen oder nicht? Und wodurch unterscheidet sich Mülberger von Proudhon, wenn Mülberger verlangt, daß „alle Umsetzungen im Leben der modernen Gesellschaft .... von einer Rechtsidee durchdrungen, d. h. allenthalben nach den strengen Anforderungen der Gerechtigkeit durchgeführt" werden sollen? Kann ich nicht lesen, oder kann Mülberger nicht schreiben?

Weiter sagt Mülberger:

„Proudhon weiß so gut wie Marx und Engels, daß das eigentlich Treibende in der menschlichen Gesellschaft die ökonomischen, nicht die juridischen Verhältnisse sind, auch er weiß, daß die jeweiligen Rechtsideen eines Volkes nur der Ausdruck, der Abdruck, das Produkt der ökonomischen — insbesondere Produktionsverhältnisse sind. ... Das Recht ist für Proudhon mit Einem Wort — historisch gewordenes ökonomisches Produkt."

Wenn Proudhon dies (ich will die unklare Ausdrucksweise Mülbergers passiren lassen und den guten Willen für die That nehmen), wenn Proudhon dies alles „ebenso gut weiß wie Marx und Engels", wie können wir uns dann noch streiten? Aber es steht eben etwas anders mit der Wissenschaft Proudhon's. Die ökonomischen Verhältnisse einer gegebenen Gesellschaft stellen sich zunächst dar als Interessen. Nun sagt

Proudhon in der eben zitirten Stelle seines Hauptwerkes mit dürren Worten, daß das „regelnde, organische souveraine Grundprinzip der Gesellschaften, welches sich alle andern unterordnet", nicht das **Interesse** ist, sondern die **Gerechtigkeit**. Und er wiederholt dasselbe in allen seinen Schriften an allen entscheidenden Stellen. Was Mülberger nicht verhindert, fortzufahren:

„.... daß die Idee des ökonomischen Rechts, wie sie von Proudhon am tiefsten in La Guerre et la Paix entwickelt ist, vollständig zusammenfällt mit jenen Grundgedanken Lassalle's, wie sie so schön in seinem Vorwort zum „„System der erworbenen Rechte"" gegeben sind."

La Guerre et la Paix ist vielleicht das schülerhafteste der vielen schülerhaften Werke Proudhon's, aber daß es als Beweismittel aufgeführt werde für sein angebliches Verständniß der deutschen materialistischen Geschichtsauffassung, die alle historischen Ereignisse und Vorstellungen, alle Politik, Philosophie, Religion, aus den materiellen, ökonomischen Lebensverhältnissen der fraglichen geschichtlichen Periode erklärt, das konnte ich nicht erwarten. Das Buch ist so wenig materialistisch, daß es seine Konstruktion des Krieges nicht einmal fertig bringen kann, ohne den Schöpfer zu Hülfe zu rufen: „Indessen hatte der Schöpfer, der diese Lebensweise für uns gewählt hat, seine Zwecke" (Bd. II. S. 100 der Ausgabe von 1869). Auf welcher Geschichtskenntniß es beruht, geht daraus hervor, daß es an die geschichtliche Existenz des goldnen Zeitalters glaubt: „Im Anfang, als die Menschheit noch dünngesäet war auf dem Erdball, sorgte die Natur ohne Mühe für seine Bedürfnisse. Es war das goldene Zeitalter, das Zeitalter des Ueberflusses und des Friedens" (ebenda, S. 102). Sein ökonomischer Standpunkt ist der des krassesten Malthusianismus: „Wenn die Produktion verdoppelt wird, so wird die Bevölkerung es bald ebenfalls sein" (S. 105). Und worin besteht denn der Materialismus des Buchs? Darin, daß es behauptet, die Ursache des Kriegs sei von jeher und immer noch: „der Pauperismus" (z. B. Seite 143). Onkel Bräsig war ein ebenso gelungener Materialist, als er in seiner 1848er Rede das große Wort gelassen aussprach: Die Ursache der großen Armuth ist die große pauvreté.

Lassalle's „System der erworbenen Rechte" ist nicht nur in der ganzen Illusion des Juristen, sondern auch in der des Althegelianers befangen. Lassalle erklärt S. VII ausdrücklich, daß auch „im Oekonomischen der Begriff des erworbenen Rechts der treibende Springquell aller weiteren Entwicklung" ist, er will „das Recht als einen vernünftigen, sich **aus sich selbst** (also nicht aus ökonomischen Vorbedingungen) entwickelnden Organismus" nachweisen (S. IX), es handelt sich für ihn um Ableitung des Rechts, nicht aus ökonomischen Verhältnissen, sondern aus dem „Willensbegriff selbst, dessen Entwicklung und Darstellung die Rechtsphilosophie nur ist" (S. X). Was soll also das Buch hier? Der Unterschied zwischen Proudhon und Lassalle ist nur der, daß Lassalle ein wirklicher Jurist und Hegelianer war, und Proudhon in der Juristerei und Philosophie, wie in allen andern Dingen, ein reiner Dilettant.

Daß Proudhon, der sich bekanntlich fortwährend widerspricht, auch hier und da einmal eine Aeußerung thut, die danach aussieht, als erkläre er Ideen aus Thatsachen, weiß ich sehr gut. Dergleichen Aeußerungen find aber ohne allen Belang gegenüber der durchgehenden Denkrichtung des Mannes, und wo sie vorkommen, noch dazu äußerst verworren und in sich inkonsequent.

Auf einer gewissen, sehr ursprünglichen Entwicklungsstufe der Gesellschaft stellt sich das Bedürfniß ein, die täglich wiederkehrenden Akte der Produktion, der Vertheilung und des Austausches der Produkte unter eine gemeinsame Regel zu fassen, dafür zu sorgen, daß der Einzelne sich den gemeinsamen Bedingungen der Produktion und des Austausches unterwirft. Diese Regel, zuerst Sitte, wird bald Gesetz. Mit dem Gesetz entstehn nothwendig Organe, die mit seiner Aufrechthaltung betraut sind — die öffentliche Gewalt, der Staat. Mit der weitern gesellschaftlichen Entwicklung bildet sich das Gesetz fort zu einer mehr oder weniger umfangreichen Gesetzgebung. Je verwickelter diese Gesetzgebung wird, desto weiter entfernt sich ihre Ausdrucksweise von der, in welcher die gewöhnlichen ökonomischen Lebensbedingungen der Gesellschaft ausgedrückt werden. Sie erscheint als ein selbständiges Element, das nicht aus den ökonomischen Verhältnissen, sondern aus eignen, inneren Gründen, meinetwegen aus dem „Willensbegriff" die Berechtigung seiner Existenz und die Begründung seiner Fortentwicklung hernimmt. Die Menschen vergessen die Abstammung ihres Rechts aus ihren ökonomischen Lebensbedingungen, wie sie ihre eigne Abstammung aus dem Thierreich vergessen haben. Mit der Fortbildung der Gesetzgebung zu einem verwickelten, umfangreichen Ganzen tritt die Nothwendigkeit einer neuen gesellschaftlichen Arbeitstheilung hervor: es bildet sich ein Stand berufsmäßiger Rechtsgelehrten, und mit diesen entsteht die Rechtswissenschaft. Diese vergleicht in ihrer weitern Entwicklung die Rechtssysteme verschiedner Völker und verschiedner Zeiten mit einander, nicht als Abdrücke der jedesmaligen ökonomischen Verhältnisse, sondern als Systeme, die ihre Begründung in sich selbst finden. Die Vergleichung setzt Gemeinsames voraus: dieses findet sich, indem die Juristen das mehr oder weniger Gemeinschaftliche aller dieser Rechtssysteme als Naturrecht zusammenstellen. Der Maßstab aber, an dem gemessen wird, was Naturrecht ist und nicht, ist eben der abstrakteste Ausdruck des Rechts selbst: die Gerechtigkeit. Von jetzt an ist also die Entwicklung des Rechts für die Juristen und die, die ihnen auf's Wort glauben, nur noch das Bestreben, die menschlichen Zustände, soweit sie juristisch ausgedrückt werden, dem Ideal der Gerechtigkeit, der ewigen Gerechtigkeit immer näher zu bringen. Und diese Gerechtigkeit ist immer nur der ideologisirte, verhimmelte Ausdruck der bestehnden ökonomischen Verhältnisse, bald nach ihrer konservativen, bald nach ihrer revolutionären Seite hin. Die Gerechtigkeit der Griechen und Römer fand die Sklaverei gerecht; die Gerechtigkeit der Bourgeois von 1789 forderte die Aufhebung des Feudalismus, weil er ungerecht sei. Für die preußischen Junker ist selbst die faule Kreisordnung eine Verletzung der ewigen Gerechtigkeit. Die Vorstellung von der ewigen Gerechtigkeit wechselt also nicht nur mit der Zeit und dem Ort, sondern selbst mit den Personen, und gehört zu den Dingen, worunter, wie Mülberger richtig bemerkt, „Jeder etwas Anderes versteht." Wenn im gewöhnlichen Leben bei der Einfachheit der Verhältnisse, die da zur Beurtheilung kommen, Ausdrücke, wie recht, unrecht, Gerechtigkeit, Rechtsgefühl, auch in Beziehung auf gesellschaftliche Dinge ohne Mißverständniß hingenommen werden, so richten sie in wissenschaftlichen Untersuchungen über ökonomische Verhältnisse, wie wir gesehn haben, dieselbe heillose Verwirrung an, die z. B. in der heutigen Chemie entstehn würde, wollte man die Ausdrucksweise der phlogistischen Theorie beibehalten. Noch schlimmer wird die Verwirrung, wenn man, wie Proudhon, an dies soziale Phlogiston, die „Gerechtigkeit", glaubt oder, wie Mülberger betheuert, mit dem Phlogiston nicht minder als mit dem Sauerstoff habe es seine vollkommene Richtigkeit.*)

III.

Mülberger beschwert sich ferner, ich nenne seine „emphatische" Auslassung darüber, „daß es keinen furchtbareren Hohn auf die ganze Kultur unseres gerühmten Jahrhunderts gibt als die Thatsache, daß in den großen Städten 90 % und darüber der Bevölkerung keine Stätte haben, die sie ihr Eigen nennen können" — eine reaktionäre Jeremiade. Allerdings. Hätte Mülberger sich darauf beschränkt, wie er vorgibt, die „Greuel der Gegenwart" zu schildern, ich hätte „ihm und seinen bescheidenen Worten" sicher kein böses Wort nachgesagt. Er thut aber etwas ganz Andres. Er schildert diese „Greuel" als Wirkung davon, daß die Arbeiter „keine Stätte haben, die sie ihr Eigen nennen können." Ob man „die Greuel der Gegenwart" aus der Ursache beklagt, daß das Hauseigenthum der Arbeiter abgeschafft ist, oder wie die Junker thun, aus der, daß der Feudalismus und die Zünfte abgeschafft sind — in beiden Fällen kann nichts herauskommen als eine reaktionäre Jeremiade, ein Klagelied über das Hereinbrechen des Unvermeidlichen, des geschichtlich Nothwendigen. Die Reaktion liegt eben darin, daß Mülberger das individuelle Hauseigenthum der Arbeiter wieder herstellen will — eine Sache, über die die Geschichte längst reinen Bord gemacht hat; daß er sich die Befreiung der Arbeiter nicht anders denken kann als so, daß Jeder wieder Eigenthümer seines Hauses wird. Weiter:

„Ich sage auf's Ausdrücklichste: Der eigentliche Kampf gilt der kapitalistischen Produktionsweise, und nur aus ihrer Umänderung heraus ist eine Besserung der Wohnungsverhältnisse zu

---

*) Vor der Entdeckung des Sauerstoffs erklärten sich die Chemiker die Verbrennung des Körper in atmosphärischer Luft durch die Annahme eines eignen Brennstoffs, des Phlogiston, der bei der Verbrennung entweicht. Da sie fanden, daß verbrannte einfache Körper nach der Verbrennung mehr wogen, als vorher, erklärten sie, das Phlogiston habe eine negative Schwere, so daß ein Körper ohne sein Phlogiston mehr wiege als mit ihm. Auf diese Weise wurden dem Phlogiston allmälig die Haupteigenschaften des Sauerstoffs angedichtet, aber alle umgekehrt. Die Entdeckung, daß die Verbrennung in der Verbindung der brennenden Körper mit einem andern, dem Sauerstoff, bestehe, und die Darstellung dieses Sauerstoffs machte dieser Annahme — aber erst nach langem Widerstand der ältern Chemiker — ein Ende.

hoffen. Engels sieht von Alledem nichts ... ich setze die ganze Lösung der sozialen Frage voraus, um zur Ablösung der Mieths= wohnung schreiten zu können."

Leider sehe ich von Alledem auch heute noch nichts. Ich kann doch unmöglich wissen, was Jemand, dessen Namen ich nicht einmal kannte, im stillen Kämmerlein seines Gehirns voraussetzt. Ich kann mich nur an die gedruckten Artikel Mülbergers halten. Und da finde ich auch heute noch, daß Mülberger (Seite 15 und 16 des Separatabdrucks), um zur Ablösung der Miethwohnung schreiten zu können, nichts voraussetzt als — die Miethwohnung. Erst auf Seite 17 faßt er „die Produktivität des Kapitals bei den Hörnern", worauf wir noch zurückkommen. Und selbst in seiner Antwort bestätigt er dies, wenn er sagt: „Es galt viel= mehr zu zeigen, wie aus den bestehenden Verhältnissen heraus eine vollständige Umänderung in der Wohnungsfrage durch= gesetzt werden könne." Aus den bestehenden Verhältnissen heraus, und aus der Umänderung (soll heißen Abschaffung) der kapitalistischen Pro= duktionsweise heraus, sind doch wohl ganz entgegengesetzte Dinge.

Kein Wunder, daß Mülberger sich beklagt, wenn ich in den philan= thropischen Bestrebungen der Herren Dollfus und anderer Fabrikanten, den Arbeitern zu eigenen Häusern zu verhelfen, die einzig mögliche prak= tische Verwirklichung seiner proudhonistischen Projekte finde. Wenn er einsähe, daß Proudhon's Plan zur Gesellschaftsrettung eine sich durchaus auf dem Boden der bürgerlichen Gesellschaft bewegende Phantasie ist, so würde er selbstredend nicht daran glauben. Seinen guten Willen habe ich ja nie und nirgends bezweifelt. Warum aber lobt er denn Dr. Reschauer dafür, daß er die Dollfus'schen Projekte dem Wiener Stadtrath zur Nachahmung vorschlägt?

Ferner erklärt Mülberger: „Was speziell den Gegensatz zwischen Stadt und Land betrifft, so gehört es unter die Utopieen, ihn aufheben zu wollen. Dieser Gegensatz ist ein natürlicher, richtiger gesagt ein historisch gewordener ... Es gilt nicht, diesen Gegensatz aufzuheben, sondern politische und soziale Formen zu finden, in denen er unschädlich, ja sogar fruchtbringend ist. Auf diese Weise ist ein friedlicher Ausgleich, ein allmäliges Gleichgewicht der Interessen zu erwarten."

Also die Aufhebung des Gegensatzes von Stadt und Land ist eine Utopie, weil dieser Gegensatz ein natürlicher, richtiger gesagt, ein histo= risch gewordener ist. Wenden wir diese Logik auf andere Gegensätze der modernen Gesellschaft an, und sehen wir, wohin wir dann kommen. Z. B.:

„Was speziell den Gegensatz zwischen 'Kapitalisten und Lohnarbeitern' betrifft, so gehört es unter die Utopieen ihn aufheben zu wollen. Dieser Gegensatz ist ein natürlicher, richtiger gesagt, ein historisch gewordener. Es gilt nicht diesen Gegensatz aufzuheben, sondern politische und soziale Formen zu finden, in denen er unschädlich, ja sogar fruchtbringend ist. Auf diese Weise ist ein friedlicher Ausgleich, ein all= mäliges Gleichgewicht der Interessen zu erwarten." Womit wir wieder bei Schulze=Delitzsch angekommen sind.

Die Aufhebung des Gegensatzes zwischen Stadt und Land ist nicht mehr und nicht minder eine Utopie als die Aufhebung des Gegensatzes zwischen Kapitalisten und Lohnarbeitern. Sie wird von Tag zu Tag mehr eine praktische Forderung der industriellen wie ackerbauenden Pro=

buktion. Niemand hat sie lauter gefordert als Liebig in seinen Schriften über die Chemie des Ackerbaus, worin stets seine erste Forderung ist, daß der Mensch an den Acker das zurückgebe, was er von ihm erhält, und worin er beweist, daß nur die Existenz der Städte, namentlich der großen Städte, dies verhindert. Wenn man sieht, wie hier in London allein eine größere Menge Dünger als das ganze Königreich Sachsen produzirt, Tag für Tag unter Aufwendung ungeheurer Kosten — in die See geschüttet wird, und welche kolossalen Anlagen nöthig werden, um zu verhindern, daß dieser Dünger nicht ganz London vergiftet, so erhält die Utopie von der Abschaffung des Gegensatzes zwischen Stadt und Land eine merkwürdig praktische Grundlage. Und selbst das verhältnißmäßig unbedeutende Berlin erstinkt seit mindestens dreißig Jahren in seinem eigenen Dreck. Andererseits ist es eine reine Utopie, wenn man, wie Proudhon, die jetzige bürgerliche Gesellschaft umwälzen, und den Bauer als solchen erhalten will. Nur eine möglichst gleichmäßige Vertheilung der Bevölkerung über das ganze Land, nur eine innige Verbindung der industriellen mit der ackerbauenden Produktion, nebst der dadurch nöthig werdenden Ausdehnung der Kommunikationsmittel — die Abschaffung der kapitalistischen Produktionsweise dabei vorausgesetzt — ist im Stande, die Landbevölkerung aus der Isolirung und Verdummung herauszureißen, in der sie seit Jahrtausenden fast unverändert vegetirt. Nicht das ist eine Utopie, zu behaupten, daß die Befreiung der Menschen aus den durch ihre geschichtliche Vergangenheit geschmiedeten Ketten erst dann vollständig sein wird, wenn der Gegensatz zwischen Stadt und Land abgeschafft ist; die Utopie entsteht erst dann, wenn man sich unterfängt, „aus den bestehenden Verhältnissen heraus" die F o r m vorzuschreiben, worin dieser oder irgend ein anderer Gegensatz der bestehenden Gesellschaft gelöst werden soll. Und das thut Mülberger, indem er sich die Proudhon'sche Formel für die Lösung der Wohnungsfrage aneignet.

Dann beschwert sich Mülberger, daß ich ihn für „die ungeheuerlichen Anschauungen Proudhon's über Kapital und Zins" gewissermaßen mitverantwortlich mache, und sagt:

„Ich setze die Aenderung der Produktionsverhältnisse a l s g e g e b e n v o r a u s, und das den Zinsfuß regelnde Uebergangsgesetz hat nicht die Produktionsverhältnisse, sondern die gesellschaftlichen Umsetzungen, die Zirkulationsverhältnisse zum Gegenstand . . . Die Aenderung der Produktionsverhältnisse, oder wie die deutsche Schule genauer sagt, die Abschaffung der kapitalistischen Produktionsweise, ergibt sich freilich nicht, wie mir Engels a n d i c h t e t, aus einem den Zins aufhebenden Uebergangsgesetz, sondern aus der f a k t i s c h e n B e s i t z e r g r e i f u n g s ä m m t l i c h e r A r b e i t s i n s t r u m e n t e, aus der Inbesitznahme der gesammten Industrie von Seiten des arbeitenden Volks. Ob das arbeitende Volk hierbei mehr der Ablösung oder mehr der sofortigen Expropriation huldigen (!) wird, hat weder Engels noch ich zu entscheiden."

Ich reibe mir erstaunt die Augen. Ich lese Mülberger's Abhandlung nochmals von Anfang bis zu Ende durch, um die Stelle zu finden, wo er erklärt, daß seine Ablösung der Miethwohnung „die faktische Besitzergreifung sämmtlicher Arbeitsinstrumente, die Inbesitznahme der gesammten Industrie von Seiten des arbeitenden Volks" als fertig voraussetze.

Ich finde die Stelle nicht. Sie existirt nicht. Von „faktischer Besitzergreifung" u. s. w. ist nirgend die Rede. Wohl aber heißt es S. 17:

„Wir nehmen nun an, die Produktivität des Kapitals **werde wirklich bei den Hörnern gefaßt**, wie das früher oder später geschehen muß, z. B. **durch ein Uebergangsgesetz, welches den Zins aller Kapitalien auf Ein Prozent festsetzt**, wohl gemerkt mit der Tendenz, auch diesen Prozentsatz immer mehr dem Nullpunkt zu nähern... Wie alle andern Produkte, ist natürlich auch Haus und Wohnung in den Rahmen dieses Gesetzes gefaßt.... Wir sehen also von dieser Seite her, daß sich die **Ablösung der Miethwohnung mit Nothwendigkeit ergibt als eine Folge der Abschaffung der Produktivität des Kapitals überhaupt**."

Hier wird also, ganz im Gegensatz zu Mülberger's neuester Wendung, mit dürren Worten gesagt, daß die Produktivität des Kapitals, unter welcher konfusen Phrase er eingestandener Maßen die kapitalistische Produktionsweise versteht, durch das Zinsabschaffungsgesetz allerdings „bei den Hörnern gefaßt werde", und daß gerade in Folge dieses Gesetzes „die Ablösung der Miethwohnung sich mit Nothwendigkeit ergibt als eine Folge der Abschaffung der Produktivität des Kapitals überhaupt". Keineswegs, sagt Mülberger jetzt. Jenes Uebergangsgesetz hat „nicht die **Produktions**verhältnisse, sondern die **Zirkulations**verhältnisse zum Gegenstand". Es bleibt mir in diesem vollkommenen Widerspruch, der nach Goethe „gleich geheimnißvoll für Weise wie für Thoren", nur übrig anzunehmen, daß es mit zwei ganz verschiedenen Mülbergern zu thun habe, von denen der Eine sich mit Recht beschwert, ich habe ihm das „angedichtet", was der Andere hat drucken lassen.

Daß das arbeitende Volk weder mich noch Mülberger fragen wird, ob es bei der faktischen Besitzergreifung „mehr der Ablösung oder mehr der sofortigen Expropriation huldigen wird", das ist sicher richtig. Es wird höchst wahrscheinlich vorziehen, überhaupt nicht zu „huldigen". Aber von faktischer Besitzergreifung sämmtlicher Arbeitsinstrumente durch das arbeitende Volk war ja gar nicht die Rede, sondern nur von Mülberger's Behauptung (S. 17), daß „der Gesammtinhalt der Lösung der Wohnungsfrage in dem Wort: Ablösung gegeben" sei. Wenn er jetzt diese Ablösung für äußerst zweifelhaft erklärt, wozu dann uns Beiden und den Lesern all die nutzlose Mühe machen?

Uebrigens muß konstatirt werden, daß die „faktische Besitzergreifung" sämmtlicher Arbeitsinstrumente, die Inbesitznahme der gesammten Industrie von Seiten des arbeitenden Volks, das gerade Gegentheil ist von der proudhonistischen „Ablösung". Bei der letzteren wird der **einzelne Arbeiter** Eigenthümer der Wohnung, des Bauerhofs, des Arbeitsinstruments; bei der ersteren bleibt das „arbeitende Volk" Gesammteigenthümer der Häuser, Fabriken und Arbeitsinstrumente, und wird deren Nießbrauch, wenigstens während einer Uebergangszeit, schwerlich ohne Entschädigung der Kosten an Einzelne oder Gesellschaften überlassen. Gerade wie die Abschaffung des Grundeigenthums nicht die Abschaffung der Grundrente ist, sondern ihre Uebertragung, wenn auch in modifizirter Weise, an die Gesellschaft. Die faktische Besitznahme sämmtlicher Arbeitsinstrumente durch das arbeitende Volk schließt also die Beibehaltung des Miethverhältnisses keineswegs aus.

Ueberhaupt handelt es sich nicht um die Frage, ob das Proletariat, wenn es zur Macht gelangt, die Produktionsinstrumente, Rohstoffe und Lebensmittel einfach gewaltsam in Besitz nimmt, ob es sofort Entschädigung dafür zahlt, oder das Eigenthum daran durch langsame Ratenzahlungen ablöst. Eine solche Frage im Voraus und für alle Fälle beantworten zu wollen, hieße Utopieen fabriziren, und das überlasse ich Andern.

IV.

So viel Schreiberei war nöthig, um durch die mannichfachen Ausflüchte und Windungen Mülberger's hindurch endlich auf die Sache selbst zu kommen, die Mülberger in seiner Antwort sorgfältig zu berühren vermeidet.

Was hatte Mülberger in seiner Abhandlung Positives gesagt?

Erstens, „der Unterschied zwischen dem ursprünglichen Kostenpreis eines Hauses, Bauplatzes u. s. w. und seinem heutigen Werth" gehöre von Rechtswegen der Gesellschaft. Dieser Unterschied heißt in ökonomischer Sprache Grundrente. Diese will Proudhon ebenfalls der Gesellschaft zueignen, wie man in Idée générale de la Révolution, Ausgabe 1868, S. 219, lesen kann.

Zweitens, die Lösung der Wohnungsfrage bestehe darin, daß Jeder, statt Miether, Eigenthümer seiner Wohnung wird.

Drittens, diese Lösung vollzieht sich, indem man die Miethezahlungen durch ein Gesetz in Abzahlungen auf den Kaufpreis der Wohnung verwandelt. — Diese Punkte 2 und 3 sind beide aus Proudhon entlehnt, wie Jedermann in Idée générale de la Révolution, S. 199 und folgende, ersehen kann, und wo sich sogar S. 203 der betreffende Gesetzentwurf fertig redigirt vorfindet.

Viertens, daß die Produktivität des Kapitals bei den Hörnern gefaßt wird durch ein Uebergangsgesetz, wodurch der Zinsfuß vorläufig auf 1 Prozent, vorbehaltlich späterer weiterer Erniedrigung, herabgesetzt wird. Dies ist ebenfalls aus Proudhon entlehnt, wie Idée générale S. 182—186 ausführlich zu lesen.

Ich habe bei jedem dieser Punkte die Stelle bei Proudhon zitirt, worin sich das Original der Mülberger'schen Kopie findet, und frage nun, ob ich berechtigt war, den Verfasser eines durchaus proudhonistische und nichts als proudhonistische Anschauungen enthaltenden Artikels einen Proudhonisten zu nennen oder nicht? Und doch beschwert sich Mülberger über Nichts bitterer, als daß ich ihn so nenne, weil ich „auf einige Wendungen stieß, wie sie Proudhon eigenthümlich sind!" Im Gegentheil. Die „Wendungen" gehören alle Mülberger, der Inhalt gehört Proudhon. Und wenn ich dann die proudhonistische Abhandlung aus Proudhon ergänze, so klagt Mülberger, ich schiebe ihm die „ungeheuerlichen Anschauungen" Proudhon's unter!

Was habe ich nun auf diesen proudhonistischen Plan entgegnet?

Erstens, daß Uebertragung der Grundrente an den Staat gleichbedeutend ist mit Abschaffung des individuellen Grundeigenthums.

Zweitens, daß die Ablösung der Miethwohnung und die Uebertragung des Eigenthums der Wohnung an den bisherigen Miether die kapitalistische Produktionsweise gar nicht berührt.

Drittens, daß dieser Vorschlag bei der jetzigen Entwicklung der großen Industrie und der Städte ebenso abgeschmackt wie reaktionär ist, und daß die Wiedereinführung des individuellen Eigenthums jedes Einzelnen an seiner Wohnung ein Rückschritt wäre.

Viertens, daß die zwangsmäßige Herabsetzung des Kapitalzinses die kapitalistische Produktionsweise keineswegs angreift, im Gegentheil, wie die Wuchergesetze beweisen, ebenso uralt wie unmöglich ist.

Fünftens, daß mit Abschaffung des Kapitalzinses das Miethgeld für Häuser keineswegs abgeschafft ist.

Punkt 2 und 4 hat Mülberger jetzt zugegeben. Auf die andern Punkte erwidert er kein Wort. Und doch sind dies grade die Punkte, um die es sich in der Debatte handelt. Aber Mülberger's Antwort ist keine Widerlegung: sie umgeht sorgfältig alle ökonomischen Punkte, welche doch die entscheidenden sind; sie ist eine persönliche Beschwerdeschrift, weiter nichts. So beklagt er sich, wenn ich seine angekündigte Lösung andrer Fragen, z. B. Staatsschulden, Privatschulden, Kredit, vorwegnehme und sage: die Lösung sei überall die, daß, wie bei der Wohnungsfrage, der Zins abgeschafft, die Zinszahlungen in Abzahlungen auf den Kapitalbetrag verwandelt und der Kredit kostenfrei gemacht wird. Trotzdem möchte ich noch heute wetten, daß, wenn diese Mülberger'schen Artikel das Licht der Welt erblicken, ihr wesentlicher Inhalt mit Proudhon's Idée générale: Kredit S. 182, Staatsschulden S. 186, Privatschulden S. 196, ebenso stimmen wird, wie diejenige über die Wohnungsfrage mit den zitirten Stellen desselben Buchs.

Bei dieser Gelegenheit belehrt mich Mülberger, daß diese Fragen, wie Steuern, Staatsschulden, Privatschulden, Kredit, wozu jetzt noch die Autonomie der Gemeinde kommt, für den Bauer und für die Propaganda auf dem Lande von der höchsten Wichtigkeit sind. Großentheils einverstanden; aber 1) war von den Bauern bisher gar nicht die Rede, und 2) sind die Proudhon'schen „Lösungen" aller dieser Fragen ebenso ökonomisch widersinnig und ebenso wesentlich bürgerlich, wie seine Lösung der Wohnungsfrage. Gegen die Andeutung Mülberger's, als verkenne ich die Nothwendigkeit, die Bauern in die Bewegung zu ziehn, brauche ich mich nicht zu vertheidigen. Aber das halte ich allerdings für Thorheit, zu diesem Zweck den Bauern die Proudhon'sche Wunderdoktorei anzuempfehlen. In Deutschland besteht noch sehr viel großes Grundeigenthum. Nach der Proudhon'schen Theorie müßte dies alles in kleine Bauernhöfe zertheilt werden, was beim heutigen Stand der Ackerbauwissenschaft und nach den in Frankreich und Westdeutschland mit dem Parzellen-Grundeigenthum gemachten Erfahrungen geradezu reaktionär wäre. Das noch bestehende große Grundeigenthum wird uns vielmehr eine willkomme Handhabe bieten, den Ackerbau im Großen, der allein alle modernen Hilfsmittel, Maschinen u. s. w. anwenden kann, durch assoziirte Arbeiter betreiben zu lassen und dadurch den Kleinbauern die Vortheile des Großbetriebs vermittelst der Assoziation augenscheinlich zu machen. Die dänischen Sozialisten, in dieser Beziehung allen andern voraus, haben dies längst eingesehn.

Ebensowenig habe ich nöthig, mich dagegen zu vertheidigen, als erschienen mir die heutigen infamen Wohnungszustände der Arbeiter „als unbedeutende Kleinigkeit". Ich bin, soviel ich weiß, der Erste gewesen, der in deutscher Sprache diese Zustände in ihrer klassisch entwickelten

Form, wie sie in England bestehn, geschildert hat: nicht, wie Mülberger meint, weil sie „meinem Rechtsgefühl ins Gesicht schlagen" — wer alle Thatsachen, die seinem Rechtsgefühl ins Gesicht schlagen, in Bücher verwandeln wollte, der hätte viel zu thun — sondern, wie in der Vorrede meines Buchs zu lesen, um dem damals entstehnden, in hohlen Phrasen herumfahrenden deutschen Sozialismus eine thatsächliche Unterlage zu geben durch Beschreibung der von der modernen großen Industrie geschaffnen Gesellschaftszustände. Aber die sogenannte Wohnungs f r a g e lösen zu wollen, das fällt mir allerdings nicht ein, ebensowenig wie ich mich mit den Details der Lösung der noch wichtigeren E ß f r a g e befasse. Ich bin zufrieden, wenn ich nachweisen kann, daß die Produktion unsrer modernen Gesellschaft hinreichend ist, um allen Gesellschaftsgliedern genug zu essen zu verschaffen, und daß Häuser genug vorhanden sind, um den arbeitenden Massen vorläufig ein geräumiges und gesundes Unterkommen zu bieten. Wie eine zukünftige Gesellschaft die Vertheilung des Essens und der Wohnungen regeln wird, darüber zu spekuliren, führt direkt in die U t o p i e. Wir können höchstens, aus der Einsicht in die Grundbedingungen der sämmtlichen bisherigen Produktionsweisen feststellen, daß mit dem Fall der kapitalistischen Produktion gewisse Aneignungsformen der bisherigen Gesellschaft unmöglich werden. Selbst die Uebergangsmaßregeln werden sich überall nach den augenblicklich bestehnden Verhältnissen zu richten haben, in Ländern kleines Grundeigenthums wesentlich andre sein als in Ländern großes Grundbesitzes u. s. w. Wohin man kommt, wenn man für diese sogenannten praktischen Fragen, wie Wohnungsfrage u. s. w., Einzellösungen sucht, beweist uns Niemand besser als Mülberger selbst, der erst auf 28 Seiten auseinandersetzt, wie „der Gesammtinhalt der Lösung der Wohnungsfrage in dem Wort: A b l ö s u n g gegeben sei", um dann, sowie man ihm auf den Leib rückt, verlegen zu stammeln, es sei in der That sehr fraglich, ob bei der faktischen Besitzergreifung der Häuser „das arbeitende Volk mehr der Ablösung huldigen werde" oder irgend einer andern Form der Expropriation.

Mülberger verlangt, wir sollen p r a k t i s c h werden, wir sollen „den wirklichen praktischen Verhältnissen gegenüber" nicht „nur todte abstrakte Formeln ins Feld führen", wir sollen „aus dem abstrakten Sozialismus heraus und a n d i e b e s t i m m t e n k o n k r e t e n V e r h ä l t n i s s e d e r G e s e l l s c h a f t h e r a n t r e t e n." Hätte Mülberger dies gethan, so hätte er sich vielleicht große Verdienste um die Bewegung erworben. Der erste Schritt beim Herantreten an die bestimmten konkreten Verhältnisse der Gesellschaft besteht doch wohl darin, daß man sie kennen lernt, daß man sie nach ihrem bestehenden ökonomischen Zusammenhang untersucht. Und was finden wir da bei Mülberger? Zwei ganze Sätze, und zwar:

1) „Was der Lohnarbeiter gegenüber dem Kapitalisten, das ist der Miether gegenüber dem Hausbesitzer." Ich habe S. 6 des Separatabdrucks nachgewiesen, daß dies total falsch ist, und Mülberger hat kein Wort darauf zu erwidern.

2) „Der Stier aber, der (bei der sozialen Reform) bei den Hörnern gefaßt werden muß, ist die P r o d u k t i v i t ä t d e s K a p i t a l s, wie es die liberale Schule der Nationalökonomie nennt, die in W a h r h e i t n i c h t e x i s t i r t, die aber in i h r e r s c h e i n b a r e n E x i s t e n z

zum Deckmantel aller Ungleichheit dient, welche auf der heutigen Gesellschaft lastet". Der Stier, der bei den Hörnern gefaßt werden muß, existirt also „in Wahrheit nicht", hat also auch keine „Hörner". Nicht er selbst, sondern seine scheinbare Existenz ist vom Uebel. Trotzdem ist die „sogenannte Produktivität (des Kapitals) im Stande, Häuser und Städte aus dem Boden zu zaubern", deren Existenz alles, nur nicht „scheinbar" ist. (S. 12.) Und ein Mann, der, obwohl Marx' „Kapital" „auch ihm wohlbekannt" ist, in dieser hülflos verworrenen Weise über das Verhältniß von Kapital und Arbeit radebrecht, unternimmt es, den deutschen Arbeitern einen neuen und bessern Weg weisen zu wollen, und gibt sich aus für den „Baumeister", der „sich über das architektonische Gefüge der zukünftigen Gesellschaft wenigstens im Ganzen und Großen klar" ist?

Niemand ist näher „an die bestimmten konkreten Verhältnisse der Gesellschaft herangetreten" als Marx im „Kapital". Er hat fünfundzwanzig Jahre darauf verwandt, sie nach allen Seiten hin zu untersuchen, und die Resultate seiner Kritik enthalten überall ebenfalls die Keime der sogenannten Lösungen, soweit solche überhaupt heutzutage möglich sind. Das aber genügt Freund Mülberger nicht. Das ist alles abstrakter Sozialismus, todte abstrakte Formeln. Statt die „bestimmten konkreten Verhältnisse der Gesellschaft" zu studiren, begnügt sich Freund Mülberger mit der Lektüre einiger Bände Proudhon, die ihm zwar so gut wie nichts über die bestimmten konkreten Verhältnisse der Gesellschaft bieten, dagegen aber sehr bestimmte konkrete Wunderkuren für alle gesellschaftlichen Uebel, und bringt diesen fertigen sozialen Rettungsplan, dies Proudhon'sche System, vor die deutschen Arbeiter unter dem Vorwand, er wolle „den Systemen Adieu sagen", während ich „den umgekehrten Weg wähle!" Um dies zu begreifen, muß ich annehmen, daß ich blind bin und Mülberger taub, so daß eine jede Verständigung zwischen uns rein unmöglich ist.

Genug. Wenn diese Polemik zu weiter nichts dient, so hat sie jedenfalls das Gute, den Beweis geliefert zu haben, was es mit der Praxis dieser sich so nennenden „praktischen" Sozialisten auf sich hat. Diese praktischen Vorschläge zur Beseitigung aller sozialen Uebel, diese gesellschaftlichen Allerweltsheilmittel, sind stets und überall das Fabrikat von Sektenstiftern gewesen, die zu einer Zeit auftraten, wo die proletarische Bewegung noch in ihrer Kindheit lag. Auch Proudhon gehört zu ihnen. Die Entwicklung des Proletariats wirft diese Kinderwindeln bald bei Seite und erzeugt in der Arbeiterklasse selbst die Einsicht, daß nichts unpraktischer ist, als diese vorher ausgeklügelten, auf alle Fälle anwendbaren „praktischen Lösungen", und daß der praktische Sozialismus vielmehr in einer richtigen Erkenntniß der kapitalistischen Produktionsweise nach ihren verschiednen Seiten hin besteht. Eine Arbeiterklasse, die hierin Bescheid weiß, wird im gegebnen Falle nie in Verlegenheit sein, gegen welche sozialen Institutionen und in welcher Weise sie ihre Hauptangriffe zu richten hat.

Sozialdemokratische Bibliothek.

Sammlung von Abhandlungen

über

Theorie und Geschichte des Sozialismus.

I. Band.

Hottingen-Zürich.
Verlag der Volksbuchhandlung.
1885-87.

Inhaltsverzeichniß.

I. **Gesellschaftliches und Privat-Eigenthum.** Ein Beitrag zur Erläuterung des sozialistischen Programms.

II. **Karl Marx vor den Kölner Geschwornen.** Prozeß gegen den Ausschuß der rheinischen Demokraten wegen Aufrufs zum bewaffneten Widerstand. (9. Februar 1849.) Aus der „Neuen Rheinischen Zeitung". Mit einem Vorwort von Fr. Engels.

III. **Die Zukunft der Sozialdemokratie.** Von J. Dietzgen.

IV. **Enthüllungen über den Kommunisten-Prozeß zu Köln.** Von Karl Marx. Mit Einleitung von Fr. Engels und Dokumenten.

V. **Unsere Ziele.** Von A. Bebel. Eine Streitschrift gegen die „Demokratische Korrespondenz".

VI. **Die schlesische Milliarde.** Von Wilhelm Wolff. Abdruck aus der „Neuen Rhein. Zeitung" März—April 1849. Mit Einleitung von Fr. Engels.

VII. **Sozialpolitische Vorträge von Josef Dietzgen.**
 1) Nationalökonomisches.
 2) Die bürgerliche Gesellschaft.

VIII. **Der todte Schulze gegen den lebenden Lassalle.** Aus dem Berliner „Sozialdemokrat" 1868.

IX. **Der wirthschaftliche Materialismus nach den Anschauungen von Karl Marx.** Von P. Lafargue.

X. **Arbeiterprogramm.** Ueber den besonderen Zusammenhang der gegenwärtigen Geschichtsperiode mit der Idee des Arbeiterstandes. Von Ferd. Lassalle.

XI. **Wilhelm Weitling.** Seine Agitation und Lehre im geschichtlichen Zusammenhange dargestellt von Emil Kaler.

XII. **Christenthum und Sozialismus.** Eine religiöse Polemik. Separatabdruck aus dem „Volksstaat" von 1873/74.

XIII. **Zur Wohnungsfrage.** Von Fr. Engels. Separat-Abdruck aus dem „Volksstaat" 1872.